致敬所有让真相大白于天下的勇气与智慧！

李昌钰探案之
重案档案

谁策划了
这场阴谋

蒋霞萍 [美]李昌钰 刘焱 著

Famous Cases Revisited
Who Planned
this Conspiracy

中国政法大学出版社
2025·北京

图书在版编目（CIP）数据

李昌钰探案之重案档案. 谁策划了这场阴谋 / 蒋霞萍，（美）李昌钰，刘焱著. -- 北京：中国政法大学出版社，2025.9. -- ISBN 978-7-5764-2131-6

Ⅰ. D971.24

中国国家版本馆 CIP 数据核字第 2025AV7829 号

书　名	李昌钰探案之重案档案·谁策划了这场阴谋 LICHANGYU TANAN ZHI ZHONGAN DANGAN · SHUI CEHUA LE ZHECHANG YINMOU
出版者	中国政法大学出版社
地　址	北京市海淀区西土城路 25 号
邮　箱	bianjishi07public@163.com
网　址	http://www.cuplpress.com (网络实名：中国政法大学出版社)
电　话	010-58908466(第七编辑部) 010-58908334(邮购部)
承　印	北京中科印刷有限公司
开　本	880mm×1230mm　1/32
印　张	6.25
字　数	100 千字
版　次	2025 年 9 月第 1 版
印　次	2025 年 9 月第 1 次印刷
定　价	58.00 元

在过去的 65 年，我一直从事警政、物证鉴定和大学教学工作。我在 18 岁时进入中国台湾地区警官大学就读，毕业后在台北警察局工作，当时案件侦破常常用刑讯逼供、人犯自白、线民、污点证人等传统方法。当时我就想，为什么我们不能用更科学的方法来处理呢？我希望我能终身从事科学鉴定的研究与实务工作。

1965 年我到美国深造，发现美国的侦破方法也一样，刑讯、自白、收买情报……于是我改读生物化学专业，希望将生物科技方法运用到刑侦工作中。50 多年来，我与同行科学家每天花大量

---

[1] 为使行文方便准确，文中出现的人员姓名，重要人物在人物介绍部分注明姓名中、英文，于正文中出现的重要人物则选用中文译名，次要人物则依据情况在括号中标明人物的原名或译名。

时间在现场、实验室、研究中心工作，经过努力终于实现了梦想，使 Forensic Science（法庭科学，又称司法科学、鉴识科学）真正成为一门学科。我也参与了 8000 多起案件的调查，与48个国家及地区的刑侦人员、物证专家，运用科技侦破了许多重大案件。在美国，人们常说，破不了的案子找 Dr.Lee 就对了，很多小朋友的志愿都提到："我长大后要像 Dr.Lee 一样。"

至今，我已获得800多个荣誉奖项，人们推崇我为"当代福尔摩斯""现场重建之王""科学神探"等，又有媒体说我是世界上最受欢迎的华人之一。其实我和大家一样，都是平凡的人，我只是将所有的精力都用在了工作上，才使"不可能成为可能"。

社会在进步，法庭科学与其他学科一样在迅速发展，现在法庭科学已经包含了 30 多种专长的类别：遗传学、人类学、牙医学、心理学……分工也越来越专业，指纹分析、文书鉴定、枪弹枪支、血迹血型、微物纤维、毛发皮肤、声纹绘图等各类专长。

多年来，我与朋友合作完成了 40 多本刑事科学方面的专业书籍，发表了 300 多篇论文，许多案件被拍成影视节目，有一些出庭证词被列为国际刑事科学领域、警界的经典教案。一些作品被翻译出版，但其中有一些翻译错误，特别是专业名词或俚语等，与原文意思相差很大。此次很高兴应中国政法大学出版社邀请，我的夫人蒋霞萍女士与我，以及刘焱先生合作，选择了最具历史价值的事件重新整理，推出《谁策划了这场阴谋》《谁是真正的凶手》两部作品。《谁策划了这场阴谋》挑选的三起案件，属于世纪名案，案件的发生曾影响了相关时局的变化，比如肯尼迪总统遇刺案。几十年后重新回顾这起案件，意义更显重大。《谁是真正的凶手》所选的三起案件也十分重要，比如O.J.辛普森杀妻案，对案件发生时的美国司法制度、社会民心以及司法公正有着极大的影响。

希望大家能从本书中看到让证据说话的重要性。

借此机会，我要感谢我的鉴识工作团队，感谢曾与我共同在刑案现场、实验室工作的伙伴，感谢目前还在美国及世界各国警界的朋友，感谢中国政法大学出版社的编辑，以及所有亲戚朋友多年的关心与支持，没有你们就没有我的成功。

最后我要真诚地感谢我的夫人蒋霞萍女士，她的写作才能和策划能力使我的故事具有了完整性和可读性；感谢刘焱先生的辛苦付出与精诚合作，使创作工作能顺利完成。

李昌钰

写在前面的话

肯尼迪总统遇刺案

1

案发时间
1963 年 11 月 22 日（美国中部时间）

案发地点
美国得克萨斯州达拉斯得克萨斯州教科书仓库前

人物

约翰·菲茨杰拉德·肯尼迪
（John Fitzgerald Kennedy）
美国第 35 任总统

J.D. 蒂皮特
（J.D. Tippit）
达拉斯警察，另一位遭枪击的死者

李·哈维·奥斯瓦尔德
（Lee Harvey Oswald）
杀死肯尼迪总统的枪手

杰克·鲁比
（Jack Ruby）
达拉斯夜总会（一说酒吧）的老板，杀死李·哈维·奥斯瓦尔德的凶手

沃伦委员会
（Warren Commission）
美国第 36 任总统林登·B. 约翰逊于 1963 年 11 月 29 日签发总统行政令（E.O.11130）成立该委员会，旨在调查肯尼迪总统的刺杀案

众议院暗杀事件特别委员会
House Select Committee on Assassinations（HSCA）
美国政府所成立的调查暗杀事件的委员会，调查了包括马丁·路德·金、肯尼迪总统等人的遇刺案件，于 1979 年 3 月 29 日出具了关于肯尼迪总统遇刺的调查报告

刺杀记录审查委员会
Assassination Records Review Board（ARRB）
依据 1992 年的肯尼迪总统遇刺事件记录收集法案，该委员会作为一个独立机构对已公开及未公开的刺杀记录进行重新审核，于 1998 年 9 月 30 日提交了最终报告，并由美国国家档案馆及档案管理部门留存

李昌钰博士
（Dr.Henry Lee）
美籍华人刑侦鉴识专家

肯尼迪总统遇刺案

1963 年 11 月 22 日，美国第 35 任总统约翰·F.肯尼迪在得克萨斯州遇刺去世。

此案被称为"阴谋之母"。几十年来，民意调查一直显示，大多数美国人相信肯尼迪总统遇刺是一场阴谋；有 1000 到 2000 本书和数不清的文章，讨论了肯尼迪遇刺案，其中大部分都认为这是一次有组织、有计划、有预谋的谋杀，这类观点被称为"阴谋论"。但几十年来，无论哪个政党执政，美国都始终不遗余力地成立各种调查委员会，在不同历史时期和阶段投入巨额资金，试图揭开案件错综复杂的背景。

随着社会的发展和科技的进步，美国政府希望通过科学的力量，采用更先进的方法，对原有证据及新发现的证据进行综合性鉴定和考证，以揭开肯尼迪总统遇刺之谜，还原历史真相。

在约翰·F.肯尼迪总统遇刺身亡 22 年后的 1985 年，美国国会成立了第三次"调查听证委员会"即刺杀记录审查委员会（下称 ARRB），对肯尼迪总统遇刺案展开新一轮调查。三年后（1988 年），该委员会汇集了全球在弹道、法医、现场勘探、DNA 鉴定等领域最权威的专家们，组成"专家小组"，对案件中的物证及当年的报告进行重新审查。其中，圣安东尼奥市的总法医文森特·德马约博士（Dr.Vincent Di Maio，下称文森特博士）是枪伤调查领域的顶级专家[1]，受邀的专家均经过"调查听证委员会"的严格审查和反复筛选。委员会希望专家们能够利用各自的专业优势，结合近年来肯尼迪总统遇刺案出现的新线索，对当年的物证和报告进行重新检验，并对当年法医的鉴定结果和一些悬而未决的疑点进行重新考证。在这一最高级别的调查听证委员会的专家小组

---

[1] Vincent Di Maio（1941—2022），美国病理学家，枪伤鉴定领域专家，著有 *Gunshot Wounds:Practical Aspects of Firearms, Ballistics, and Forensic Techniques*（1992），*Pathology*（1992）等书。

中，出现了一位被刑侦界誉为传奇人物，他也是迄今为止参与肯尼迪总统遇刺案调查和鉴定的所有机构中唯一的东方面孔。

他就是华裔刑侦鉴识专家李昌钰博士。

1963 年 11 月 22 日上午 11 点 40 分，美国第 35 任总统约翰·F.肯尼迪与第一夫人杰奎琳·肯尼迪（Jacqueline Lee Bouvier Kennedy Onassis）乘坐豪华敞篷轿车，从得克萨斯州达拉斯市的爱田机场出发，前往达拉斯贸易市场参加午宴。

这辆敞篷车采用三排座设计，由特勤局特工格里尔（William R.Greer）负责驾驶。根据安保规定，特工罗伊·凯勒曼（Roy

遇刺前的肯尼迪总统和第一夫人杰奎琳·肯尼迪

H.Kellerman）坐在副驾驶位置，第二排乘坐的是得克萨斯州州长约翰·康纳利（John Bowden Connally Jr）及其夫人奈莉·康纳利（Nellie Connally），肯尼迪总统与第一夫人则坐在最后一排。

警官和四名达拉斯警察骑着摩托车，在豪华敞篷轿车前为总统车队开道。

副总统林登·贝恩斯·约翰逊（Lyndon B. Johnson）及其夫人伯德·约翰逊（Lady Bird Johnson），与参议员拉尔夫·亚伯勒（Ralph W.Yarborough）同乘一辆紧随其后的敞篷轿车。

根据几天前报纸报道的路线，肯尼迪总统的车队将穿越蜿蜒的16公里郊区道路，途经达拉斯市中心大街，右转进入休斯顿街，再左转驶入榆树街，穿过迪利广场，然后沿斯特蒙斯高速公路前往宴会地点。此路线旨在让肯尼迪总统尽可能多地接触达拉斯的广大民众。

美国中部标准时间12:30，肯尼迪总统的车队驶入迪利广场。在广场上，肯尼迪总统和第一夫人杰奎琳·肯尼迪受到民众的热烈欢迎。车队按计划继续行驶，从休斯顿街左转进入榆树街。当经过得克萨斯州教科书仓库（Texas School Book Depository，该地即沃伦委员会报告中的凶手暗杀肯尼迪总统时所在的大楼）时，正在挥手的肯尼迪总统遭遇了枪击。八分钟后，头部中弹的肯尼迪总统被紧急送往帕克兰纪念医院（Parkland Memorial Hospital）。

1963年11月22日下午1:00，时年46岁（1917年5月29日出生）、在任3年10个月的美国第35任总统约翰·菲茨杰拉德·肯尼迪被宣布遇刺身亡。

肯尼迪总统遇刺约70分钟后，警察逮捕了嫌疑人——李·哈维·奥斯瓦尔德。然而，李·哈维·奥斯瓦尔德在被捕时再次开枪打死了一名达拉斯警察。两天后，即1963年11月24日上午11点21分，李·哈维·奥斯瓦尔德在监狱转移过程中被达拉斯夜总会老板杰克·鲁比枪杀。

经过十个月的调查，沃伦委员会得出结论：李·哈维·奥斯瓦尔德是刺杀肯尼迪总统的凶手，且没有证据表明达拉斯夜总会老板杰克·鲁比参与了任何阴谋。1967年，新奥尔良地区检察官吉姆·加里森（Jim Garrison）对商人克莱·肖（Clay Shaw）提起指控。1969年，肯尼迪总统遇刺案历经"唯一"一次审判，但克莱·肖很快被宣判无罪。随后，联邦调查局的两场听证会（洛克菲勒委员会和丘奇委员会）也分别以报告形式，认同了沃伦委员会的总体调查结果。

然而事实果真如此吗？

1963 年，美国第 35 任总统约翰·F. 肯尼迪遇刺身亡。同年，25 岁的李昌钰刚从我国台湾地区警官学校毕业三年，正服务于台湾地区警界。作为一名巡官，他白天在外侨部刑事组负责接待外宾，晚上则在警察总部担任执勤官。在收音机中听闻肯尼迪总统被暗杀的消息后，他了解到，截至 1963 年，美国历史上已发生过七位总统遇刺事件，其中四位不幸身亡：

第一位是美国第 7 任总统安德鲁·杰克逊，所幸未被击中；第二位是美国第 16 任总统亚伯拉罕·林肯，他是美国第一位遇刺身亡的总统；第三位是美国第 20 任总统詹姆斯·加菲尔德，他是美国第二位遇刺身亡的总统；第四位是美国第 25 任总统威廉·麦金利，他于 1901 年遇刺，他是美国第三位遇刺身亡的总统；第五位是美国第 31、32 任总统富兰克林·罗斯福，罗斯福总统在迈阿密发表演说时，凶手向他连发五枪，所幸均未击中，罗斯福总统躲过一劫；第六位是美国第 33 任总统哈里·S. 杜鲁门，他在首都华盛顿的布莱尔饭店被两名枪手行刺，其中一名被警卫当场打死，杜鲁门总统本人则安然无恙；第七位便是美国第 35 任总统约翰·肯尼迪，他也是美国第四位遇刺身亡的总统。

1963 年，听着收音机的李昌钰不曾预料到，多年以后他会从中国台湾辗转来到马来西亚，最终抵达美国；更不曾想到自己会在刑事鉴识领域作出多么大的成就。尤其令人意想不到的是，在肯尼迪遇刺案发生的 25 年后，他会被邀请加入专家小组，对这起美国第 35 任总统约翰·F. 肯尼迪遇刺案的物证和报告进行重新检验。

（一）一语定乾坤的"厨房辩论"

在世界近代史上，有一个长达 44 年的特殊时期，被称为"冷战"时期。

"冷战"时期是从 1947 年到 1991 年，以美国为首的资本主义阵营与以苏联为首的社会主义阵营之间处于一种非战争、非和平的长期对峙与竞争状态。

1945 年，第二次世界大战结束。原本是盟友的美国、英国和苏联，因国家战略、利益、社会制度及意识形态上的分歧，冲突不断加剧。1946 年，英国前首相丘吉尔发表"铁幕演说"，拉开了"冷战"的序幕；1947 年，美国前总统杜鲁门发表关于"向受到苏联威胁的希腊和土耳其提供援助"的演讲,标志着"冷战"的正式开始。1949年"北大西洋公约"组织和1955年"华沙条约"组织的成立,则标志着"冷战"全面对峙格局的正式形成,两大阵营的两极对立由此确立。

这一时期,世界各地的"民族解放运动"持续发展,导致世界殖民体系逐渐瓦解,彻底改变了现代世界的政治版图。一些新独立的国家开始探索不同的发展道路,在理论和实践上形成了多样的经济、政治模式。

与此同时,"东方""西方"这一地理概念逐渐成为世界两种意识形态的代名词。

尽管美苏两国分歧严重,冲突不断,爆发了诸如"第二次柏林危机""古巴导弹危机""朝鲜战争""越南战争"和"阿富汗战争"等危机与局部战争,但双方都尽力避免新的大规模战争爆发,而是通过"局部代理战争""科技竞赛""军备竞赛""太空竞赛"和"外交竞争"等手段进行"不动武力、相互遏制"的对抗。

这一时期发生的"第一次柏林危机""古巴导弹危机"和猪湾事件等里程碑式事件,对世界历史进程产生了深远影响。

此外,这一时期还发生了一场堪称两个阵营"一语定乾坤"

的著名论战——"厨房辩论"。

1959 年 7 月 24 日的
"厨房辩论"

　　1959 年 7 月 24 日，在莫斯科举办的美国国家博览会开幕
式上，美国时任副总统理查德·米尔豪斯·尼克松与苏联时
任部长会议主席尼基塔·谢尔盖耶维奇·赫鲁晓夫在厨房用
具展台前不期而遇。在看似"友好"的气氛中，他们围绕东
西方意识形态和核战争展开了"轻松而又激烈"的讨论。尼
克松与赫鲁晓夫都宣称各自的制度更为先进和优越，讨论逐
渐演变为争论。46 岁的尼克松年轻气盛，而赫鲁晓夫则脾气
火暴，争论迅速升级为激烈辩论。眼看局势趋于白热化，尼
克松提出了一个"一语定胜负"的建议，他说："要不我们开
放东西德边境，让东西德人民自己选择居住地吧。"

　　此言一出，赫鲁晓夫顿时哑口无言。

　　政治家们之间的对话从来都是"事出有因"，尤其是两个世界超级大国元首之间的对话。那么尼克松的底气来自哪里？又是什么让赫鲁晓夫哑口无言呢？

（二）"拯救西德"紧急物资空运之战

尼克松的信心源于成功化解"第一次柏林危机"的经历与结果。

"二战"结束后，战败的德国在地理上被一分为二。英、美、法占领的西部地区被称为西德，而苏联占领的东部地区则被称为东德。德国首都柏林虽地处东德境内，但因政治因素也被一分为二，形成了西柏林和东柏林。位于东德境内的西柏林，作为英、美、法的控制区，成为一块"飞地"。当时的欧洲满目疮痍，重建成为首要任务。由于德国拥有丰富的煤炭资源，英、美两国主张重建德国工业，以其资源优势快速恢复西欧经济。然而，苏联并不同意。由于分歧无法调和，英、美决定自行推进，确立了以西德为中心的"欧洲复兴"计划，并在西德发行"B"记马克，以取代原有的"帝国马克"。

苏联认为此举损害了其对德国的控制权，因而大为不满。1948 年 6 月 24 日，苏联宣布切断"西柏林"（飞地）与外界的所有水陆通道，仅保留从"西德"通往"西柏林"（飞地）的三条空中通道。

苏联之所以作出这一决定，是因为当时"西柏林"拥有200万人口，而苏联经济学家测算得出："西柏林"200万人口每天所需的生活必需品（粮食、煤炭、药品、油料等）物资至少为4000吨。在苏联人看来，如果没有水陆通道，仅靠空中运输根本无法保证如此庞大的物资运输量。

苏联企图逼迫英、美两国作出让步。

面对这一局势，英、美两国高层内部出现了不同声音，有人建议考虑将西柏林让给苏联，理由是"二战"刚刚结束，管理这片复杂的"飞地"注定困难重重。然而，时任美国总统的杜鲁门持不同看法。他认为，放弃西柏林意味着向世界宣告英、美无力对抗苏联，这将导致美国失去对整个欧洲的控制力。因此，杜鲁门坚定地宣布："We Stay in Berlin.（我们留在西柏林。）"总统的决定已定，因而当务之急便是解决"西柏林"200万人口的生存物资问题。在苏联封锁水陆交通的情况下，强行突破苏军陆地封锁线势必引发军事冲突。考虑到各种因素，美国不愿挑起战事，因此唯一可行的方案便是空运。

然而，在1948年，世界最大载重量的运输机也不过10吨左右，要想完成如此大的空运量是困难重重。

即使如此一场名为"拯救西柏林"的紧急物资空运行动依然迅速展开。起初，每天的空运量仅为 700 吨物资，但短短 5 天后（自 6 月 29 日起），美、英两国调集了全欧洲以及部分亚洲和澳大利亚的运输机，开始向西柏林的 200 万居民实施紧急物资空运。

负责制订西柏林最佳空运方案的，正是当年支援中国抗战、开辟"驼峰航线"的美国飞虎队空军将领克莱尔·李·陈纳德。陈纳德不仅设计了空运航线，还招募了曾经飞越"驼峰"的飞行员。对于这些经验丰富的飞行员而言，执飞西柏林的任务如同"在花园中散步"般轻松。

尽管任务看似轻松，但那些经历过严酷战争的空军飞行员们，依然严格遵循既定的时间表和航线，保持相同的高度、速度和间隔进行飞行。三条空中通道中，两条用于起飞，一条用于降落，且全部采用单行飞行模式。一旦有飞机发生意外，会立即脱离编队，返回起飞机场重新出发。此外，每架运输机都配备了随机卸货人员，飞机降落在西柏林机场后，随机卸货人员卸下货物后，继续留在运输机上返回出发机场，装载下一批货物。

而在出发地机场，机组人员采用换人不换机的策略。运输机一经检修完毕，便立即投入下一架次的运输任务中。整个装载、飞行、卸载的过程就像一个标准化的转盘，周而复始，循环进行。

所有这些措施，都是为了尽可能提高运输能力，为西柏林的200万居民送去更多的生存物资。

自1948年6月29日起，物资运输量从每天700吨开始攀升，到8月时，日运输量已达4000吨；到了10月，日均运输量更是突破了5000吨。至此，西柏林的物资危机终于得到缓解。在运输后期，英、美运输机甚至开始为西柏林运送树苗、植被、红酒、口香糖，甚至还有孩子们的生日蛋糕和玩具等非生活必需品。

这场持续近一年的"西柏林紧急物资空运"行动中，英、美运输机共飞行了27.8万架次，总计运输了232.6万吨物资。

1949年5月12日，苏联意识到封锁已不再奏效，遂解除了对西柏林的水陆封锁。

东德与西德实行着两种截然不同的政治制度和社会模式，犹如两个"实验室"，向世界展示了生活在其中的人们的生活品质。

因此，"厨房辩论"时的尼克松大胆提出开放东、西德边境，让人民自行选择居住地。而这一提议让赫鲁晓夫一时无言以对。

尼克松明白，只要有机会，民众会通过"搬家"的方式，表达他们对政治的真实看法。

与此同时，在地球的另一端，1946 年，年仅 8 岁的李昌钰随家人离开中国大陆前往中国台湾地区。1949 年，"太平轮惨案"发生，李昌钰的父亲不幸遇难。

1939 年，日本发动侵华战争并占领了如皋。而李昌钰的祖父辈家境优渥，在江苏如皋县城拥有自己的商铺和郊区的大片良田。因日军侵占如皋，李家从如皋县城逐渐迁居至上海法租界。在上海，李家将原有的商铺扩大经营，成为"美孚"等物资的代理商。他们一方面将"洋货"分销到苏北地区，另一方面又将苏北的粮食、豆类等物资运往上海。1946 年，中华人民共和国成立前夕，8 岁的李昌钰举家迁入台湾地区。然而，1949 年，李昌钰的父亲在"太平轮"事故中丧生，加之李家在台湾地区投资的棉纺织业和渔业相继失利，李家失去了主要的经济来源。家道中落，李昌钰因此走上了与祖父辈截然不同的人生道路。从"二战"到冷战，像李昌钰一家这样的个体命运也充满了颠沛流离的艰辛与前路未卜的迷茫。民众对政治的看法和选择，根植于他们所能预见的明日的生活。

如果说苏联因国土广袤、地理位置特殊而作为为社会主义阵营的旗手，美国则自恃经济与军事实力雄厚，稳坐世界第一强国的宝座。两国在德国重建问题上的分歧最终以不太圆满的方式得以解决，但在"古巴导弹危机"和猪湾事件上的较量，却让世界濒临核毁灭的边缘，也为后续的历史进程投下了一道长长的阴影，其中就包括肯尼迪总统遇刺事件。

美国自诩为自由民主国家，与意识形态相近的国家结成联盟，与之相对的是以苏联为首的社会主义阵营，双方展开了一场全球性的政治博弈。作为两个超级大国，其"冷战"策略之一便是不断展示新研发的武器以彰显自身优势。双方在战略考量中，甚至都不排除对对方实施"核首发"的可能性。

"核首发"战略旨在通过首次打击使对方陷入瘫痪，丧失核反击能力。当时，美、苏两国所掌握的导弹技术和战略轰炸机力量均具备从本国领土打击对方的能力。然而，这些武器存在预警时间过长的问题，使得对方有足够时间采取反制措施。因此，为了缩短预警时间，双方都试图将核导弹尽量部署在对方领土附近。

当时，美、苏核导弹的数量对比为 294:56，美国还拥有新服役的 5 艘华盛顿级核潜艇，每艘可携带 16 枚射程达 1850 公里的中程导弹（使用固体燃料，可水下发射），能够从北冰洋和日本海对苏联构成潜在核威慑。而苏联方面，除了刚装备不久的 SS7（R16）导弹体系（存在可靠性问题），几乎没有其他有效的对抗手段。凭借这种压倒性的核力量优势，1959 年，美国在意大利和土耳其公开部署了距离莫斯科仅约 2000 公里的中程弹道导弹和 PGM-19 朱庇特弹道导弹，对苏联施加了公开的核威慑。

美国在许多国家都设有军事基地，而与苏联关系最为紧密且地理位置距离美国最近的，只有古巴。

于是，苏联开始向古巴部署军事力量，但起初古巴领导人卡斯特罗的态度显得模棱两可。

这要从古巴的历史以及卡斯特罗政权的由来说起。

古巴曾经是西班牙殖民地。1898 年美国战胜西班牙，迫使西班牙放弃古巴主权，古巴成为独立国家，建立了"巴蒂斯塔"政府，而美国在"关塔那摩湾"建有永久性海军基地。"二战"前后，古巴民族主义日渐高涨，1959 年 1 月 1 日，卡斯特罗领导的革命党历尽艰辛终于推翻"巴蒂斯塔"政权，建立了古巴革命政府。卡斯特罗是一名民族主义者，建立之初的古巴革命政府和美国之间并没有敌意和对立。

美国、古巴对立始于 1959 年年底，古巴新政府多数重要部门被主张实行激进政策的人掌握，大量古巴难民进入美国加州。美国国内反对卡斯特罗的声音逐渐变大，民意不断向肯尼迪总统施压，希望推翻古巴政权。在这样的民意下，美国出台了武器禁运与停止从古巴进口糖的政策。糖是古巴的重要出口产品，因此该举措对古巴经济打击极大。美国还进行了减少对古巴原油供应等经济制裁项目，以向古巴施压。而卡斯特罗身边的左派人士影响了卡斯特罗的执政思路，使得古巴革命政府开始模仿"苏维埃"的做法，实行"土地改革"等政策，不仅没收富裕的古巴人以及其他外国侨民的土地和私有财产，特别是对美国人拥有的银行、工厂、商店、农场等，全部实行了古巴国有化。一年后（1960 年），古巴开始向苏联购买武器，这给苏联带去了希望。同年 12 月，苏联领导人赫鲁晓夫和古巴领导人卡斯特罗在联合国大会会议期间进行了非正式会面。赫鲁晓夫向卡斯特罗表示：如果美国入侵古巴，苏联会以导弹回击，同时苏联愿意向古巴供应原油。

这一表示，让卡斯特罗政权对抗美国的事态升级。一个月以后，卡斯特罗将美国在古巴的原油加工企业全部收归古巴革命政府国有，同时驱逐了美国外交人员。作为外交对等回应，美国政府宣布与古巴革命政府断绝外交关系，冻结古巴在美国的资产，并且开始对古巴实施贸易禁运政策。

到这时，卡斯特罗领导的古巴革命政府彻底倒向苏联。三个月之后，发生了猪湾事件。

美、古断交三个月后，即 1961 年 4 月 17 日，1500 名流亡美国的古巴人（也有说法称在美国中央情报局的协助下）组成代号为"2506 突击旅"的队伍，在古巴西南海岸的"猪湾"实施登陆行动。不知是否因事先情报泄露，"2506 突击旅"刚一登陆，便遭到古巴 2.5 万名武装人员的猛烈围堵和狙击。2.5 万对 1500，力量对比悬殊的战斗仅持续两天便以"2506 突击旅"600 多人伤亡、1113 人被俘，古巴方面死亡 176 人的结局宣告登陆失败。

由于"2506 突击旅"主要由流亡美国的古巴人组成，无论美国介入程度如何，都难以撇清关系。加之事件中，停靠在"猪湾"附近海域的美国舰队未对被古巴武装力量逼入大海的"2506突击旅"残部施以援手。因此，尽管新上任仅90天的约翰·F.肯尼迪总统及其夫人杰奎琳·肯尼迪出席了美国政府用价值5380万美元的食品和药品赎回的1113名被俘"2506突击旅""战士"的归来欢迎仪式，但美国政府，尤其是肯尼迪总统，在人道层面依然备受质疑，信誉严重受损。

随后，在联合国安理会上，古巴指责美国对古巴发动进攻的提议被美国否决。然而，对美国而言，这次事件无疑是"一次军事上的失败，也是一次政治上的失误"。这一结论十分精准，也因此引发了美国国内对事件的强烈批评。对美国总统而言，相比于国际舆论，国内的批评更让他揪心，因为这将直接影响他能否连任。

猪湾事件提升了卡斯特罗政权在古巴的威望，也使古巴与美国的关系进一步恶化，推动了古巴向苏联靠拢。1962年7月，卡斯特罗同意苏联在古巴部署导弹，使古巴成为威慑美国的前沿阵地。

苏联在古巴部署导弹的行动是秘密进行的，其目的是在导弹部署完成后迫使美国接受既成事实。同时，赫鲁晓夫认为美国不会为了古巴的导弹问题而与苏联爆发战争。然而，事实证明赫鲁晓夫低估了肯尼迪的决心。仅仅一个月后，即

1962 年 8 月底，美国的 U-2 高空侦察机在古巴上空发现了近程导弹发射场。五天后，即 1962 年 9 月 4 日，肯尼迪向苏联发出警告，但苏联对此予以否认。

然而，局势在 10 月 14 日发生了关键性变化。当天，U-2 高空侦察机再次拍摄到苏联正在古巴修建中远程导弹发射基地的照片。10 月 22 日晚，肯尼迪通过电视向全美正式通报了苏联在古巴部署中程导弹的消息，并宣布对古巴实施名为"隔离"的海上封锁行动。他命令美国海军部派遣四十艘军舰和 2 万名海军士兵封锁古巴，以阻断正在运往该国的武器运输线。与此同时，世界各地的美国军队进入战备状态，双方最近的距离仅相隔 4 公里。

战争一触即发!

"真理在大炮的射程之内。"最终，赫鲁晓夫在 10 月 28 日的复信中被迫同意从古巴撤出苏联导弹，标志着古巴导弹危机结束。

纵观 20 世纪 60 年代美、苏的一次次较量，因经济和军事上的劣势，苏联不得不一次次让步。1991 年苏联解体，两极格局瓦解，"冷战"结束。

在古巴导弹危机结束一年零 24 天以后，1963 年 11 月 22 日，肯尼迪总统遇刺身亡。

而凶手恰恰是在苏联生活过一段时间以后重返美国的美国前海军陆战队员李·哈维·奥斯瓦尔德。

苏联承认此人曾被招募训练过，但因训练成绩不合格最终被放弃了。2015 年 1 月 23 日，美国时任总统特朗普签发行政命令（E.O.14176），全部解密"肯尼迪总统遇刺案"的档案。但根据已有档案内容，凶手的刺杀行为与苏联及古巴方面的具体关联仍疑点重重。

（一）背景复杂的前美国海军陆战队员

肯尼迪总统被刺杀 70 分钟以后，警察抓捕了凶手李·哈维·奥斯瓦尔德，并很快弄明白了他的身份。

李·哈维·奥斯瓦尔德，生于 1939 年，美国前海军陆战队员，曾经在日本和菲律宾服役，于 1956 年获得"美国海军陆战

李·哈维·奥斯瓦尔德

队特等射手”的资格证书。

在海军陆战队服役期间，奥斯瓦尔德因使用未经授权的手枪意外射伤自己的肘部，以及与一名军官发生肢体冲突，两次受到军事法庭审判并被降职。1959 年 9 月，奥斯瓦尔德退役，他声称因母亲患有残疾而获得家属补助金。然而，同年，未满 20 岁的奥斯瓦尔德却神秘地乘坐货轮从新奥尔良经法国前往芬兰，并在那里获得签证进入苏联（另有资料显示，奥斯瓦尔德在朝鲜战争期间曾被苏联人俘虏。）。进入苏联后，奥斯瓦尔德在当地一家工厂工作。两年后，他与一位名叫玛丽娜·普鲁萨科娃（Marina Nikolaevna Prusakova）的苏联女子结婚，并育有一女。

1962 年“古巴导弹危机”结束后，奥斯瓦尔德申请了美国的遣返贷款并返回美国，定居在“达拉斯－沃斯堡”地区。在那里，他与俄罗斯流亡者交往，其中最著名的是乔治·德·莫伦施尔特。1963 年 3 月，驻扎在达拉斯的埃德温·沃克（Edwin Walker）将军遭遇了一次未遂暗杀。根据目击者证词、玛丽娜的证词，以及奥斯瓦尔德留下的纸条和弹道等证据，这次暗杀被证实是奥斯瓦尔德所为。1963 年 4 月，奥斯瓦尔德回到他的出生地新奥尔良，成立了支持卡斯特罗的“古巴公平竞争委员会"独立分会，并开展支持卡斯特罗的活动。奇怪的是，他没有发展任何其他成员。在此期间，奥斯瓦尔德在与几位不知名的同胞一起散发亲卡斯特罗文学作品时，与反卡斯特罗的古巴流亡者发生冲突并被捕。

李·哈维·奥斯瓦尔德（中）在新奥尔良分发亲卡斯特罗的传单

1963年9月下旬（肯尼迪总统遇刺前约两个月），奥斯瓦尔德前往墨西哥城。据记录，他曾进入苏联和古巴的大使馆。10月3日，奥斯瓦尔德返回达拉斯，并在迪利广场附近的得克萨斯州教科书仓库开始工作。在工作期间，他住在达拉斯的一处寄宿公寓，与妻子玛丽娜分开居住。刺杀事件发生当天早上，奥斯瓦尔德带着一个长包裹进入仓库。当同事好奇地询问包裹内容时，他声称里面装着"窗帘杆"。然而，后续调查显示，1963 年 3 月 20 日，序列号为 C2766 的步枪（即凶器）被运往达拉斯，收件人为 "A. Hidell"。李·哈维·奥斯瓦尔德被捕后，警方在他寄宿的公寓里发现了一张 "埃里克·詹姆斯·希德尔"（Alek James. Hidell）的证件，其上有他的照片。这证实了奥斯瓦尔德购买了那支步枪作为凶器。

奥斯瓦尔德手握相同的枪支和
共产主义宣传资料

在刺杀肯尼迪总统后，奥斯瓦尔德留下凶器离开仓库，乘坐公共汽车返回他的寄宿处，取了一件夹克和一把左轮手枪。下午 1 点 12 分，达拉斯警察蒂皮特（J.D.Tippit）发现奥斯瓦尔德在居民区行走，行迹可疑，便要求他上巡逻车接受盘问。奥斯瓦尔德拒绝上车，并与蒂皮特发生争执。蒂皮特下车试图靠近奥斯瓦尔德时，奥斯瓦尔德立即朝蒂皮特的胸部连开三枪。蒂皮特中枪倒地后，奥斯瓦尔德又向他的右太阳穴补了一枪，随后在一名恰好路过的目击者注视下，平静地离开了枪击现场。

达拉斯警察在对仓库员工进行点名时，发现奥斯瓦尔德不在，上司随即报警。由于一次对奥斯瓦尔德的错误指认，达拉斯警方突袭了奥克利夫的一家图书馆，随后才意识到自己的失误。下午1点36分，有人看到奥斯瓦尔德进入得克萨斯剧院，于是报了警。达拉斯警察与奥斯瓦尔德短暂搏斗后将其逮捕。在搏斗过程中，奥斯瓦尔德曾试图用左轮枪袭击警察，但被警察缴械。经检查，发现左轮枪已重新装满子弹。

此时，肯尼迪总统被枪击已过去大约70分钟。

李·哈维·奥斯瓦尔德对被捕似乎早有准备，他表现得

李·哈维·奥斯瓦尔德
被警方拘留

COMMISSION EXHIBIT 346

案发后，自得克萨斯州教科书仓库大楼向下望，视野中被洗净的总统轿车

Zapruder Film

业余摄影师扎普鲁德拍摄的录像记录了礼车转弯经过教科书仓库时肯尼迪被刺的情形。车内，杰奎琳用双手按着肯尼迪颈部

异常镇定，否认向任何人开枪，并声称自己因曾在苏联生活而被当作"替罪羊"。

然而，联邦调查局对在得克萨斯州教科书仓库六楼发现的卡尔卡诺步枪进行检验后，发现枪管上留有奥斯瓦尔德的部分掌纹，步枪上的纤维与奥斯瓦尔德衬衫的纤维相符。同时，在帕克兰纪念医院的轮床上发现的一颗子弹，与在豪华轿车中发现的两块弹片，经弹道分析与卡尔卡诺步枪所能发射的一致。

11月22日晚上，达拉斯警方对奥斯瓦尔德的手和右脸颊进行了石蜡测试，以确定他最近是否开过枪。结果显示，奥斯瓦尔德的手部呈阳性，而右脸颊呈阴性。

这成为奥斯瓦尔德开过枪的证据。

根据得克萨斯州法律，李·哈维·奥斯瓦尔德被指控谋杀了肯尼迪总统和蒂皮特。

在达拉斯警察总部，对奥斯瓦尔德的审讯从11月22日14:30开始，断断续续持续至24日上午11点，总共约12个小时。在此期间，奥斯瓦尔德始终否认与案件有任何关联，并做出了后来被证实为虚假的陈述。

凶杀和抢劫案调查科的一位名叫J.W.Fritz的警长，以及联邦调查局特勤局和其他执法机构的代表，间歇性地参与了审讯。然而，审讯过程既无速记也无录音，仅留下了简单的笔记。几天后，Fritz 上尉根据这些笔记撰写了一份审讯报告，参与审讯的几名联邦调查局特工也分别撰写了各自的审讯报告。

达拉斯警方在 11 月 23 日午夜后，强迫奥斯瓦尔德召开了新闻发布会，并在调查初期向媒体泄露了大量信息。

President John Kenned
Assassinated in Dallas

达拉斯当天的报纸，报道肯尼迪在达拉斯被袭击

他们的做法激怒了已经宣誓就职的约翰逊总统。约翰逊总统指示联邦调查局："告诉他们，不要再以这种方式调查暗杀事件。"在联邦调查局表示担心有人可能试图杀死奥斯瓦尔德后，达拉斯警方向联邦当局保证，他们将为他提供足够的保护。

美国是一个联邦制国家，各州高度自治，其中包括警察法律条款。根据法律规定，各州设有州警，城市设有城市警察，公园设有园警，学校设有校警。法律明确规定，发生在某一地区的案件由当地警方负责处理。除非当地警察局提出请求，否则联邦调查局也无法直接介入或接管案件。因此，达拉斯警方可以自行掌控对奥斯瓦尔德的监管和保护。

正当全世界都在关注这个强国对刺杀总统的凶手进行深入审问，以期揭开这些阴谋的真相时，又发生了令人意想不到的情况。

（二）枪手之死

两天后，即 1963 年 11 月 24 日上午 11 点 21 分，在电视直播奥斯瓦尔德由警探押送从达拉斯市监狱转往法庭的过程中，达拉斯夜总会老板杰克·鲁比在警察总部地下通道近距离向他开枪。

杰克·鲁比枪杀李·哈维·奥斯瓦尔德

奥斯瓦尔德中枪后，立即被救护车送往帕克兰纪念医院。这正是此前抢救肯尼迪总统的同一家医院，而负责救治奥斯瓦尔德的正是当初为肯尼迪总统进行手术的外科医生团队。

子弹击中了奥斯瓦尔德的左下胸，导致主动脉、下腔静脉等主要心脏血管断裂，同时脾脏、肾脏和肝脏也受到损伤。奥斯瓦尔德的病情危重，时而清醒，时而昏迷。尽管接受了紧急手术和除颤治疗，他最终还是在 1 小时 53 分钟后不幸离世。

（三）杀死枪手的枪手

枪击案发生后，鲁比随即被逮捕。在向调查听证委员会作证时，他表示肯尼迪总统的遇刺让他心烦意乱，并声称杀死奥斯瓦尔德是为了"避免肯尼迪夫人再次遭受询问的尴尬"。他还强调，射杀奥斯瓦尔德是一时冲动之举，并未考虑任何理由。起初，鲁比打算在审判中为自己辩护，但他的律师梅尔文·贝利劝阻了他。贝利辩称，鲁比患有精神运动性癫痫，因此不应承担责任。尽管鲁比被判有罪，但他在上诉后推翻了判决。1967 年，在等待重审期间，鲁比因癌症引发的肺栓塞去世。

由于鲁比是在达拉斯向奥斯瓦尔德开枪的，根据美国法律，即使涉及如此重要的犯罪嫌疑人，鲁比案件的审讯管辖权仍归达拉斯。而如此巧合的是，鲁比、肯尼迪总统以及暗杀总统的凶手奥斯瓦尔德，三人均在达拉斯的帕克兰纪念医院被宣布死亡。

尽管许多人怀疑且有大量资料表明，如此周密的暗杀总统计划不可能由一个人单独完成，背景复杂的夜总会老板是否真的出于一时冲动枪杀了暗杀总统的凶手，仍然是一个谜。然而，调查听证委员会最终宣布，暗杀总统和枪杀这名凶手均为个人行为。

然而，事情总是出人意料，又发生了让人始料不及的"后来"。

（四）肯尼迪总统遇刺案的唯一一次审判

1967 年 3 月 22 日，新奥尔良地区检察官逮捕了商人克莱·肖，指控他与奥斯瓦尔德以及同属新奥尔良同性恋社区成员的大卫·费里（David Ferrie）等人密谋刺杀肯尼迪总统。然而，多项资料显示，被指控的克莱·肖是一位受人尊敬的商人，曾积极参与法国街区的翻修和保护工作。克莱·肖甚至被形容为"自奥斯卡·王尔德以来最不像恶棍的人"。就在调查消息传出四天后，大卫·费里被发现自杀身亡。

一年后（1968 年），检察官吉姆·加里森再次公开指控克莱·肖和大卫·费里参与中央情报局谋杀肯尼迪并陷害奥斯瓦尔德的阴谋。在 1969 年进行的为期 34 天的审判中，加里森检察官播放了业余摄影师亚伯拉罕·扎普鲁德（Abraham Zapruder）拍摄的影片，并声称，肯尼迪在受到致命一击后，头部向后摆动，这表明前方还有一名枪手。

然而，经过短暂商议后，陪审团裁定克莱·肖无罪。审判结束后，作家马克·莱恩（Mark Lane）采访了陪审员，并声称部分陪审员认为克莱·肖可能参与了阴谋，但证据不足以定罪，他们相信阴谋的存在。不过，克莱·肖的私人朋友，剧作家小詹姆斯·柯克伍德（James Kirkwood Jr.）对马克·莱恩的说法提出疑问。小詹姆斯·柯克伍德表示，他见过几位否认曾与莱恩交谈过的陪审员。

前中央情报局局长理查德·赫尔姆斯（Richard McGarrah Helms）作证称，克莱·肖曾是中央情报局国内联络处的兼

被新奥尔良陪审团宣告无罪的克莱·肖（1951 年摄），1969 年的审判是肯尼迪总统遇刺案的唯一一次审判

职联络人，克莱·肖通过该处主动提供他出国旅行的信息，主要涉及前往拉丁美洲的行程。

1993 年，PBS 节目《前线》获得了一张照片——大卫·费里和奥斯瓦尔德在 1955 年民航巡逻队的一次野餐中的合影，而大卫·费里此前曾否认认识奥斯瓦尔德。

1969 年，31 岁的李昌钰在马来西亚工作一年后，前往美国。由于他在台湾警官大学的部分学分未被美国大学认可，李昌钰选择重新进入大学，在纽约大学攻读生物化学专业。

在肯尼迪遇刺十个月后，沃伦委员会通过采访 552 名证人，于 1964 年 9 月发布了一份长达 888 页的报告，并附有 26 卷文件作为支持，最终得出结论：奥斯瓦尔德独自一人刺杀了肯尼迪总统，而杰克·鲁比也独自一人谋杀了奥斯瓦尔德。

然而，多年来，关于肯尼迪遇刺的阴谋论依然层出不穷，主要分为以下几类：

（一）组织作案论

嫌疑人范围广泛，包括联邦调查局、中央情报局、美国军方、黑手党、军工复合体、副总统约翰逊、古巴卡斯特罗政府以及苏联克格勃，或者其中某些组织联合。

一些知名人物也支持阴谋论观点，例如肯尼迪政府时期的参谋长联席会议特别行动委员会负责人 L. 弗莱彻·普劳蒂（L. Fletcher Prouty）。他坚信美国军方和情报部门中的某些人合谋暗杀了肯尼迪总统。

持肯尼迪总统遇刺案为阴谋论者认为，尸检和官方调查存在严重缺陷，甚至更极端地推测，这些调查本身就是犯罪同谋的一部分。

与肯尼迪总统同乘敞篷车的得克萨斯州州长约翰·康纳利也公开质疑单颗子弹理论。

约翰逊总统在去世前也曾对沃伦委员会的调查结果表示怀疑。

肯尼迪总统的侄子小罗伯特·F.肯尼迪指出，他的父亲认为"沃伦报告"十分草率，肯尼迪总统是被一个涉及古巴流亡者和中央情报局的阴谋杀害。

前中央情报局局长 R. 詹姆斯·伍尔西（R. James Woolsey）则认为，李·哈维·奥斯瓦尔德刺杀肯尼迪是苏联阴谋的一部分。

另一方面，古巴领导人卡斯特罗和苏联领导人赫鲁晓夫等人则坚决否认这一说法，认为肯尼迪总统是被美国右翼分子杀害。苏联政府还特别发表声明称，李·哈维·奥斯瓦尔德的行为与苏联政府毫无关联，并且将所有关于李·哈维·奥斯瓦尔德的资料移交给了美国。资料显示，苏联承认克格勃曾招募奥斯瓦尔德为特工，并针对其特长进行了专业训练。然而，经过两年的秘密录像、录音等考察，苏联发现奥斯瓦尔德的智力和必要的业务技能均不合格，因此未给他安排任务便将他送回美国。

（二）现场多名枪手论

迪利广场现场有多名人员受到怀疑，其中包括三位嫌疑人，分别是"流浪汉""雨伞男"和"徽章男"。

持多名枪手论者认为，暗杀现场存在多名枪手，他们形成了"三角"交叉火力网，而致命的一枪是从"草丘"（grassy knoll）射出，从前方击中肯尼迪总统的头部。

持多名枪手论者还指出，据估计有 42 个"刺客"团体、82 名刺客和 214 人被指控参与了"各种"刺杀行动。肯尼迪总统遇刺案的目击者后来都遭遇了神秘而可疑的死亡，尽管经过调查发现，其中一些属于正常死亡。

1978 年，HSCA 举行了第二次听证会，并发表了一份声明：经过委员会两年的调查，接受了证人和声学专家的分析，特别是对 178 名听到枪声的目击者的查问，委员会得出结论，肯尼迪总统（可能）是被"阴谋暗杀"的。

那一年，40 岁的李昌钰在纽约大学双学位毕业。他选择前往纽海文大学工作，在担任教授的同时，逐步完善并扩大了纽海文大学的实验室。在授课的同时，他还为康涅狄格州警察的一些案件承担实验任务。后来，他担任了康涅狄格州警政厅实验室主任，同时继续承担纽海文大学的教授工作。

1998 年，应 ARRB 的杰瑞米·吉恩（Jeremy Gunn）和约翰·R.图恩海姆（John R.Tunheim）法官的要求，李昌钰博士和文森特博士前往华盛顿国家档案馆，对肯尼迪遇刺事件的相关文件和照片进行重新审查，以评估重建肯尼迪遇刺现场并得出独立结论的可能性。

1998 年 11 月 11 日，时任康涅狄格州警政厅长的李昌钰博士和圣安东尼奥市的总法医文森特博士受邀参加"第三次肯尼迪总统刺杀案听证会"，担任专家证人。文森特博士是枪伤调查领域的权威，他所著的枪伤调查类书籍也是研究该领域时的必读书目。

抵达华盛顿后，ARRB 立即将他们送往位于马里兰州的一处戒备森严的军事基地。在接下来的三天里，专家们处于完全隔离的状态，不得与外界接触，也不得离开基地。

到达军事基地当天，专家们被带进了一间特殊的办公室。

这间办公室没有窗户，只有一个出入口，且门外有海军陆战队士兵 24 小时站岗。专家们意识到，他们即将开始一项高度机密的任务。

不久，工作人员推着几辆上锁的资料箱车进入办公室。他们打开箱子后，便悄然离开。箱子里装的是肯尼迪总统遇刺案的物证和档案资料。

随着这些尘封多年的历史资料再次被翻开，李昌钰博士和专家们仿佛穿越时空，回到了 1963 年 11 月 22 日……

（一）总统遇刺的照片、录像等资料，以及第一次、第二次调查听证委员会的结论

1963 年，美国第 35 任总统约翰·肯尼迪决定前往得克萨斯州，以缓解该州民主党自由派参议员拉尔夫·亚伯勒与保守派州长约翰·康纳利之间的紧张关系。

11 月 6 日，肯尼迪总统、约翰逊副总统与康纳利州长在

埃尔帕索会晤，首次敲定了访问的具体时间以及车队从机场前往达拉斯贸易市场参加午宴的路线。11月18日，车队行进路线最终确定，并在不久后公之于众。

肯尼迪总统也将得克萨斯之行视为他1964年总统连任竞选的非正式启动之地。

抵达达拉斯爱田机场的肯尼迪
总统和第一夫人

1963年11月22日上午11点40分，肯尼迪总统与第一夫人杰奎琳·肯尼迪乘坐空军一号抵达达拉斯爱田机场。

得克萨斯州达拉斯迪利广场（2006年）

按照计划，车队蜿蜒穿行于长达 10 英里（约 16 千米）的达拉斯郊区，最终抵达市中心大街，随后右转进入休斯顿街。这一路线安排旨在让肯尼迪尽可能多地与民众接触。尽管有人担心可能遭遇敌对抗议者的干扰（就在一个月前，肯尼迪总统的联合国大使阿德莱·史蒂文森在达拉斯曾遭人吐口水羞辱），但车队仍按计划行进，肯尼迪总统受到了人群的热烈欢迎。

面对热情欢迎的人群，州长夫人奈莉·康纳利转过身，对坐在她正后方的肯尼迪总统说道："总统先生，现在他们

肯尼迪总统受到人们的热烈欢迎

（指反对派）再也无法让您相信达拉斯没有人爱戴您、欣赏您了吧？"

肯尼迪微笑着回应奈莉·康纳利："不，他们肯定不能。"同时，他抬起手向热情的欢迎人群挥手致意。

在他们交谈之际，车队经过一个街区后左转，驶入了榆树街。

枪击事件正是在榆树街发生的。

多份文件和照片显示，总统车队沿着榆树街行驶，途经得克萨斯州教科书仓库时，目击者听到了第一声枪响。然而，人群和车队中大多数人并未做出反应，许多人将这声枪响误认为是鞭炮声或摩托车回火的声音。

多份文件记录显示，约 80% 的目击者回忆称，在现场听到了三声枪响。

李昌钰和其他专家查看了沃伦委员会的结论："当时共开了三枪，大多数目击者回忆称第二声和第三声枪响是连续的，时间是在肯尼迪总统开始挥手后不久。"

扎普鲁德所摄的录像第 235 帧和第 239 帧显示了肯尼迪和康纳利被枪击后的身体位置

扎普鲁德拍摄的白色混凝土凉亭位于灯柱后面的中央，"草丘"位于其左侧。右上方部分可见的建筑是得克萨斯州教科书仓库。肯尼迪的车队从右向左行驶，肯尼迪总统在凉亭前的灯柱左侧，被最后一颗子弹击中

罗伯特·克罗夫特 (Robert Croft) 拍摄的肯尼迪总统被第一枪击中前的照片

目击者霍华德·布伦南 (Howard Brennan) 拍摄的得克萨斯州教科书仓库，圆圈"A"表示他看到奥斯瓦尔德开枪的地方

从得克萨斯州教科书仓库的狙击手隐蔽点拍摄的位置

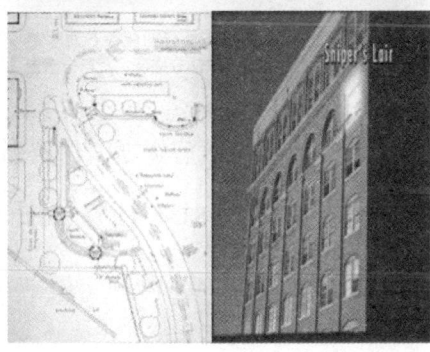

肯尼迪总统的行车路线图（左），得克萨斯州教科书仓库六楼窗口射击的情形（右）

（二）尸检结果资料、詹姆斯·休姆斯的报告和沃伦委员会的报告

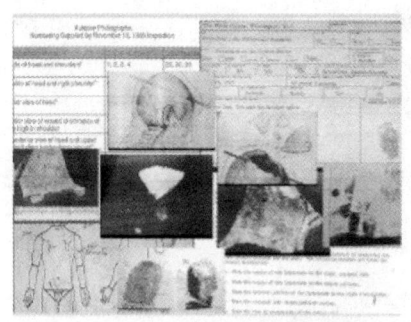

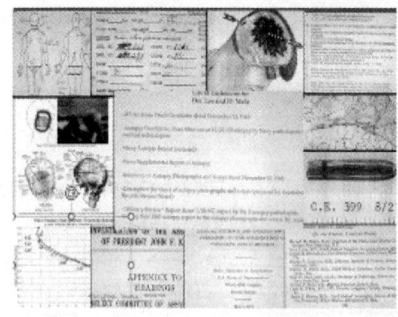

专家们所检查的保存在海军基地历年的部分物证、资料、报告

肯尼迪总统被宣布死亡后，其尸检由詹姆斯·休姆斯（James Humes）[1] 于刺杀发生当晚 8 点（1963 年 11 月 22 日）在贝塞斯达海军医院（Bethesda Naval Hospital）进行。

---

[1]　海军少校詹姆斯·休姆斯是贝塞斯达海军医院的高级病理学家和实验室主任，本次验尸他担任了首席验尸官。

詹姆斯·休姆斯报告认为一颗子弹击中了肯尼迪的上背部，并从其颈部前部穿出。另一颗子弹击中了颅骨后部，在从颅骨顶部穿出之前发生了碎裂。

法医病理学家迈克尔·巴登博士（Dr.Michael Barden）和西里尔·韦希特博士（Dr.Cyril Wecht）对上述结论持有不同意见。

根据詹姆斯·休姆斯关于肯尼迪总统的尸检报告，沃伦听证委员会的报告指出：

第一颗子弹穿透了肯尼迪的脖子，接着击中了康纳利州长的手臂。

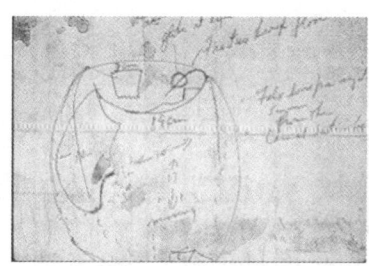

肯尼迪总统在海军医院的尸检解剖绘图

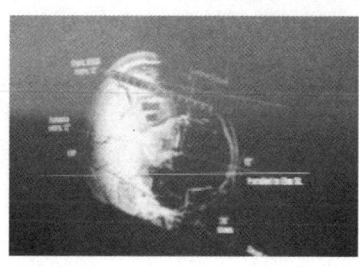

3D 展示子弹进出肯尼迪头部的情况

第二颗子弹击中了肯尼迪的头部，导致其死亡。

第三颗子弹未命中任何人。

（三）枪支证据

枪支证据显示：肯尼迪总统是被一支卡尔卡诺 M91/38（91/38 Mannlicher-Carcano）意大利步枪发射的 6.5 毫米全披甲子弹击中的。

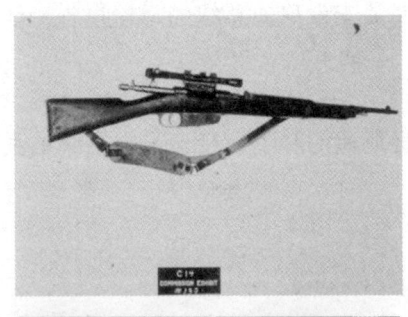

卡尔卡诺 M91/38 步枪

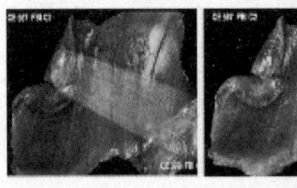

尸检 X 光片显示肯尼迪总统的颅骨内有 40 多块微小的子弹碎片，一块相当大的子弹碎片嵌入了颅骨的外侧。

暗杀发生后不久，副警长卢克·穆尼（Luke Mooney）在得克萨斯州教科书仓库六楼东南角的窗前地板上发现了三个 6.5 毫米的弹壳。几分钟后，达拉斯警局的 J.C.Day 中尉前来拍摄了照片。

（四）指纹证据

在卡尔卡诺 M91/38 步枪上发现了李·哈维·奥斯瓦尔德的指纹，但在三个弹壳上没有发现任何指纹。

在得克萨斯州教科书仓库的六楼房间窗口，发现了印刷品（漫画书籍）上有许多指纹。其中一枚指纹被确认为属于在此埋伏的李·哈维·奥斯瓦尔德，还有一枚指纹属于者不详，其余的指纹属于后来检查现场的联邦调查局特工和警官。

（五）亚伯拉罕·扎普鲁德拍摄的影片证据

记录在案最重要的证据是业务摄影师亚伯拉罕·扎普鲁德拍摄的 8 毫米胶片，该摄像时长 22 秒。

相关资料显示，当总统的轿车以每小时 11 英里的速度缓缓穿过人群时，一位目击者——亚伯拉罕·扎普鲁德，正站在距离道路 20 米（约 65 英尺）远的一座凉亭墙上。他使用一台 26 秒 /8 毫米无声胶片摄像机记录下了总统轿车从他面前经过的瞬间，也捕捉到了肯尼迪总统遇刺的全过程。

通过对这段"22 秒电影"进行增强处理和分析，研究人员得出结论：从子弹击中肯尼迪总统到击中康纳利州长之间，最长的时间间隔为 1.66 秒。

——————
总统敞篷车

——————————
扎普鲁德使用的摄像机

（六）子弹轨迹

HSCA 的资料记录中，对刺杀肯尼迪总统的子弹轨迹的研究如下：

当肯尼迪总统的轿车驶过"草丘"时，他再次遭到枪击。这次是头部中弹，致命一击。沃伦听证委员会未能确定这是第二颗还是第三颗子弹，但得出结论：与得克萨斯州教科书仓库射出的第二颗子弹一样，这颗子弹击中了肯尼迪总统的后脑勺。子弹碎片穿透了他的头骨，在头部右侧后方留下了一个"大致呈卵形"的伤口（血液和碎片四处飞溅）。遭枪击后，肯尼迪总统的脑浆和血液溅到了紧随其后的特勤局车辆以及骑摩托车的警察身上。

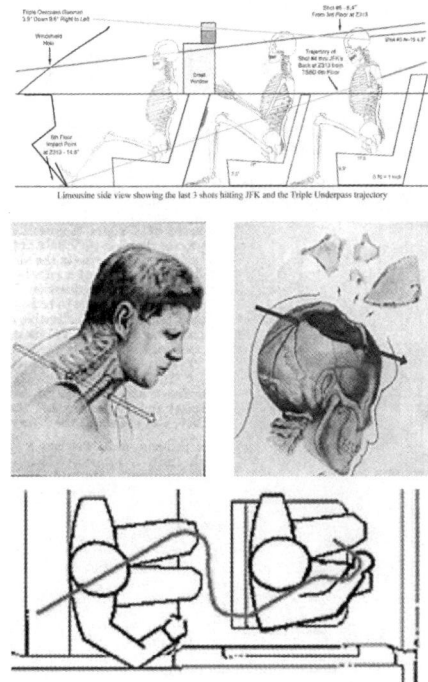

豪华轿车横截面展示三枚击中肯尼迪总统的子弹下穿轨迹

（七）"第三次肯尼迪总统遇刺案听证"报告会及李昌钰博士的发现

35年来，对肯尼迪总统刺杀事件的研究从未停止过。随着时间的推移和科技的进步，ARRB将越发复杂的问题交由专家进行解答。

李昌钰博士和文森特博士经过三天三夜的深入研究，得出了初步结论。1998年11月17日，他们在华盛顿向调查委员会就以下七个关键问题陈述了他们的发现：

1. 开了多少枪？

2. 子弹的轨迹是怎样的？

3. 涉及多少名枪手？

4. 关于犯罪现场重建，有哪些新发现？

5. 尸检结果揭示了什么？

6. 现场和步枪上发现了多少指纹？

7. 发现于得克萨斯州达拉斯帕克兰纪念医院担架的编号为 #399 的子弹，现在保存状况如何？

在报告中，他们对肯尼迪总统的首次验尸记录、原始调查报告、案发现场照片、档案以及物证等资料进行了详细审查，结果如下：

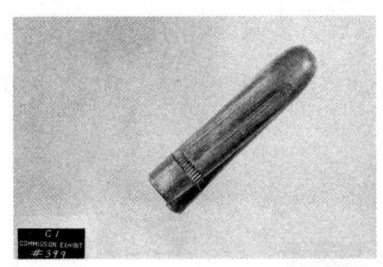

第一，许多原始照片已经失踪，物证也极为有限。尤其是肯尼迪总统的大脑，已从物证中消失。

第二，原始验尸报告与医院对肯尼迪的检查报告存在多处不一致。后来发现是医院在初步验尸报告中对伤口、枪口和子弹进出口的位置描述有误。

第三，证人的证词中关于枪声的描述差异很大，有人说是两发子弹、两声枪响，也有人说是三声或四声，甚至有人声称听到了六声枪响。

根据对枪支购买者、枪支上的指纹以及子弹弹道轨迹的研究，确认李·哈维·奥斯瓦尔德是刺杀肯尼迪总统的枪手。

从联邦调查局记录的"在得克萨斯州教科书仓库大楼地板上发现的"三个 6.5 毫米子弹弹壳、两颗击中总统的子弹头以及在医院推车上发现的一颗完整子弹的比对结果来看，开

肯尼迪总统遇刺案

三枪的可能性较大。而此前沃伦委员会所给出的报告中，认为 #399 子弹造成了肯尼迪总统的全部伤势，但由于该子弹过于完整，此说法被质疑。

李昌钰博士在"肯尼迪遇刺"专家会议上报告了他对潜在印刷证据的发现，以及新闻对此的报道

李昌钰博士与迈克尔·巴登博士、西里尔·韦希特博士三位博士在肯尼迪总统遇刺案研讨会上的合影

肯尼迪总统去世以后，遗体在白宫东厅安放了 24 个小时。约翰逊总统发布第 3561 号总统令，宣布 11 月 25 日为全国哀悼日。随即已故总统的灵柩由马拉炮车运送到国会大厦供人瞻仰。

数十万哀悼者排队瞻仰了已故总统的灵柩，在 18 个小时的瞻仰仪式中，有 25

约翰·F.肯尼迪总统的灵柩于 1963 年 11 月 25 日被瞻仰后离开国会大厦

万人经过了圆形大厅，甚至在苏联，也在同一时间举行了哀悼活动。

已故肯尼迪总统的葬礼于 11 月 25 日在圣马太大教堂举行。安魂弥撒由理查德·库欣主教主持。大约有 1200 名嘉宾出席了葬礼，其中有来自 90 多个国家的代表。虽然没有正式悼词，但是辅理主教菲利普·M.汉南宣读了肯尼迪曾经的演讲稿和著作中的部分摘录。

根据联邦调查局时任局长埃德加·胡佛的备忘录记载："肯尼迪总统遇刺的消息引起了极大的震惊和恐慌，圣马太大教堂敲响钟声，沉痛悼念肯尼迪总统。"

葬礼结束后，已故肯尼迪总统的遗体被安葬在弗吉尼亚州阿灵顿国家公墓。1967 年，他的墓地点燃了长明火。

1963 年 12 月，美国国会批准铸造新的 50 美分硬币，即肯尼迪半美元

肯尼迪总统遇刺案发生后，约翰逊总统于 1963 年 11 月 29 日发布行政命令，成立了肯尼迪总统遇刺案调查委员会，并任命美国最高法院首席大法官厄尔·沃伦主持调查，因此得名沃伦委员会。

但是沃伦委员会成员（不包括首席大法官沃伦）没有查看肯尼迪总统尸检时拍

沃伦委员会向约翰逊总统提交报告。从左到右依次为：总统顾问约翰·麦克洛伊、法律顾问 J. 李·兰金、参议员理查德·拉塞尔、众议员杰拉尔德·福特、首席大法官厄尔·沃伦、总统林登·B. 约翰逊、情报专家艾伦·杜勒斯、参议员约翰·谢尔曼·库珀和众议员黑尔·博格斯

摄的照片或 X 光片。沃伦称，这是为了避免向"哗众取宠者"公开这些"露骨"材料。

由于持续不断的猜测，1968 年 2 月，司法部部长拉姆齐·克拉克（Ramsey Clark）召集了一个由四名医学专家组成的小组，对已故肯尼迪总统的尸检照片和 X 光片进行了检查。他们的发现与沃伦委员会的结论一致：肯尼迪被两颗子弹击中，两颗子弹均来自肯尼迪总统的背后。

司法部部长拉姆齐·克拉克与总统林登·约翰逊于 1968 年的合影

在 1979 年的报告中，HSCA 发现联邦调查局对亲卡斯特罗和反卡斯特罗的古巴人，以及其与奥斯瓦尔德或鲁比的联系的调查不足。

1991 年，著名好莱坞导演奥利弗·斯通（Oliver Stone）执导的电影《刺杀肯尼迪》重新点燃了公众对肯尼迪遇刺事件的关注，特别是提出对那些仍处于保密状态的刺杀相关文件的"解密"要求。作为回应，美国国会在 1992 年通过了"约翰·F. 肯尼迪总统遇刺事件记录"收集法案，即《刺杀肯尼迪记录法案》。该法案要求国家档案馆在 25 年内收集并公开所有与刺杀相关的文件，并设立一个独立机构——ARRB，负责审查提交的记录是否完整，并决定是否继续保密。从 1994 年到 1998 年，ARRB 收集并公开了约 6 万份文件，总计超过 400 万页。

奥利弗·斯通

　　2023 年，一本新书问世，其署名作者是一位记者，但真正的作者是特勤局退休特工保罗·兰迪斯。兰迪斯是肯尼迪总统遇刺案发生时站在总统座车踏板上的人。他在接受《纽约时报》采访时透露，自己在抵达帕克兰纪念医院后，立即从肯尼迪座位后面取出了一颗子弹，并将其放在肯尼迪的担架上。兰迪斯认为，这颗子弹是从肯尼迪背部一个浅伤口中脱落的。

保罗·兰迪斯表示，他捡到子弹的情景与之前其他人描述的不同。他提到，当他冲上去保护总统夫人杰奎琳·肯尼迪时，夫人正紧紧抱着丈夫的尸体，不愿放手。他慢慢地劝说夫人，因为医院已近在咫尺，紧急救护刻不容缓。到了医院后，他发现了那颗子弹，即编号为 #399 的子弹。然而，第一份沃伦委员会提交的报告书和第二份 HSCA 的报告都声称，那颗子弹是在康纳利州长的担架上发现的。因此，人们一直以为那颗子弹是击中康纳利州长的子弹。但保罗·兰迪斯指出，这颗子弹实际上是在肯尼迪总统的遗体被转移到救护车上时被他发现的。

保罗·兰迪斯在新书中解释，他捡到子弹后本想立即交给调查人员，但由于当时情况紧急，现场人多且混乱，他暂时将子弹放入了口袋。后来在医院里，他将子弹取出并放在担架上。他清楚地记得，那颗子弹是放在肯尼迪总统的担架上的。至于子弹为何会出现在康纳利州长的担架上，作者解释说，唯一的可能是当时场面混乱，担架在进入医院电梯时相互碰撞，导致子弹滚落或被转移到康纳利州长的担架上。

尽管这个问题看似不那么关键，但它解释了为何那颗子弹在击中肯尼迪总统的后背后没有穿过身体就掉落下来。因此，那颗编号为 #399 的子弹形态完整无缺，引发了后续的种种猜测。

作为在案件发生 25 年后(1988 年)加入"肯尼迪总统案件"专家调查小组的唯一一位华人科学家，李昌钰博士于 2025 年1 月在美国夏威夷回忆了曾经参与案件检查证据的过程，并由本书另两位作者记录下来。

肯尼迪总统遇刺事件发生在 20 世纪 60 年代的得克萨斯州达拉斯，在当时的情况下，警察在犯罪现场处理、证据收集，法医在尸检过程中出现的程序不完整，甚至可能存在不称职的行为，造成肯尼迪总统遇刺案的真相一直被蒙在阴影里。在六十多年后的今天，"单一枪手与阴谋刺杀"以及一些犯罪现场相关的问题仍在争论中。

作为本书作者之一，无论是在创作过程中，还是完成作品之后，我一直在思考：肯尼迪总统遇刺案发生时，美国中央情报局可能已经知晓此案与苏联克格勃有关。然而，为了维持政治局势的稳定，他们选择刻意隐瞒真相。毕竟，以当时艾伦·威尔逊·杜勒斯（Allen Welsh Dulles）领导下的美国情报机构的实力，不可能对肯尼迪总统遇刺案的真相一无所知。杜勒斯在"冷战"时期的国际关系中扮演了关键角色，他也是美国情报史上的传奇人物。在他的领导下，美国中央情报局成为美国历史上最具影响力的情报机构。当然，这只是一种分析。

在创作过程中，我增加了案件发生时涉及的历史事件资料，并深入探讨了当时的国际政治背景。这些补充旨在帮助读者更全面地了解肯尼迪总统被谋杀案，并提升作品的可读性。

迄今为止，肯尼迪总统遇刺案仍然是美国历史上最大的悬案。

2025 年 1 月 5 日完成初稿

2025 年 2 月 20 日定稿于美国夏威夷

白宫温森·福斯特自杀案

2

案发时间

1993 年 7 月 20 日

案发地点

华盛顿特区弗吉尼亚州乔治华盛顿公园路（George Washington Parkway）旁的玛西堡公园（Fort Marcy Park）

人物

温森 · 福斯特

（Vince Walker Foster）

即 Vince Foster，白宫法律副总顾问，小石城罗斯律师事务所（Rose Law Firm in Little Rock）"罗斯三剑客"之一

威廉 · 杰斐逊 · 克林顿

（William Jefferson Clinton）

美国第 42 任总统

希拉里 · 黛安 · 罗德姆 · 克林顿

(Hillary Diane Rodham Clinton)

与死者温森 · 福斯特是中学、大学同学、好友，美国第一夫人。她与温森 · 福斯特是小石城罗斯律师事务所的同事，也是"罗斯三剑客"之一

詹姆斯 · B. 麦克道格尔

（James Bert McDougal）

麦迪逊储贷担保公司（Madison Guaranty）

老板，克林顿总统的密友。

小罗伯特 · B. 菲斯克

（Robert B.Fiske, Jr）

独立检察官

韦伯斯特 · 哈贝尔

（Webster Hubbell）

美国司法部副部长，小石城罗斯律师事务所"罗斯三剑客"之一

伯纳德 · W. 努斯鲍姆

（Bernard W. Nussbaum）

白宫法律顾问

卡尔 · 伯恩斯坦

（Carl Bernstein）

美国著名记者，作家

肯尼斯·斯塔尔
(Kenneth Starr)
美国司法部独立检察官，曾负责克林顿
夫妇"白水门事件"

李昌钰博士
(Dr.Henry Lee)
美籍华人刑侦鉴识专家，负责温
森·福斯特死亡案特别鉴定

面对一桩命案，任何人都可以根据自己观察到的某一方面迹象进行推测，并结合想象得出结论。然而，无论这些推测和想象多么接近事实，若没有可靠的证据支持，它们终究只是推测和想象，而非事实。然而，有一种学科，其研究者会依据科学原理（如物理学、生物学等），运用必要的方法（如仪器、化学试剂等），来揭示被表面现象掩盖的细微线索，重建命案发生现场的原貌，并提供专业的鉴定结果。这种学科原理被称为刑事鉴识科学，而进行这一研究的科学家则被称为刑事侦查鉴识专家。

1993 年 7 月 20 日发生的白宫法律副总顾问温森·福斯特自杀案，距今已经整整 32 年。如果追溯到与这起案件相关的另一起涉及总统丑闻的"白水门事件"（1989 年），也已经过去了 36 年。在当今大数据和知识爆炸的时代，许多人和事几乎已无秘密可言。即便是像温森·福斯特案这样涉及第 42 任美国总统克林顿的案件，其每一个细节也都可以在网络上找到。

温森·福斯特案几乎满足了所有好奇者的心理需求。

对于那些想了解美国总统的传奇成长经历的人来说，温森·福斯特案提供了一个深入挖掘的窗口。威廉·杰斐逊·克林顿（即比尔·克林顿），1946 年 8 月 19 日出生于美国阿肯色州霍普镇，1968 年本科毕业于乔治敦大学沃尔什外交学院。这个年轻人在 32 岁时就担任了阿肯色州司法部长，半年后赢得选战，出任阿肯色州长，三年后成功连任，并最终入主白宫，担任美国第 42 任总统。

对于对美国新总统获选后新班底如何形成，以及选择内阁成员的标准感兴趣的人来说，温森·福斯特案展示了克林顿如何与儿时的玩伴、中学同学、法学院同学福斯特保持长久友情关系。作为密友，福斯特不仅在私人事务（如投资和家庭事务）上辅佐克林顿，还在克林顿竞选总统以及担任美国总统期间，以法律副总顾问的身份伴随左右。

对于那些希望深入了解美国政治体制，特别是对执政党与在野党如何在竞选期间竭尽全力挖掘对方"黑料"进行攻击，以及胜选后又如何心悦诚服地对胜者表达祝贺所感兴趣的人来说，克林顿总统所卷入的"白水门事件"的发生、演变及其听证过程无疑是一个极具研究价值的案例。

在一个新闻媒体（报纸、电台、电视台）发稿无须经过审查机关审查、国家最高领导人的私生活无所保密的国度，挖总统的丑闻几乎是美国司空见惯的行为。温森·福斯特死亡案公之于众，掀开了政治舞台幕布的一角，让人们得以合理合法地窥见政治的险恶、仕途的艰辛，以及在友谊与仕途之间权衡抉择的复杂面向。

然而，有些事情并未被揭露。例如，当得知温森·福斯特去世的消息时，白宫官员，尤其是克林顿夫妇在那三个小时里究竟做了什么？他们又在想些什么？如果温森·福斯特被证实是被谋杀的，那么总统克林顿可能会面临罢免，而副总统高尔可能会接替他的位置。那么，高尔的政策会和克林顿保持一致吗？这又会对美国的政治、经济乃至国际形势产生怎样的影响呢？

这一切猜测都在两年后尘埃落定。1995 年美国国会温森·福斯特案独立调查委员会特别邀请李昌钰博士担任首席鉴识专家。李昌钰博士向国会提交的 500 页鉴定报告详细阐述了其关键发现，这使得外界对这位白宫高官之死的各种离奇猜测得以迅速平息，也促使共和党在表面上不再利用温森·福斯特案攻击克林顿总统。

一、

公园命案

1993 年 7 月 20 日下午，华盛顿特区弗吉尼亚州乔治华盛顿公园警察局接到公园管理处报案："在华盛顿公园旁的玛西堡公园西炮台下发现一名死者。"接到报案后，警方立即展开调查，并至少找到了四位证人，得以了解死者生前的最后情况。

华盛顿公园警察局的警察详细记录了这四位证人和报案者的证词。

第一位证人在 20 日大约 14 时 45 分至 15 时 5 分之间，于乔治华盛顿纪念公路出城方向的车道上，注意到一辆悬挂阿肯色州或俄亥俄州车牌、暗灰色金属质感的日本车型汽车。驾车者是一名白人男性。该车辆突然转向驶入玛西堡公园的道路，而第一位目击证人留意到副驾驶座位上空无一人。

第二位证人表示，20 日下午大约 4 时 30 分，他因内急将车停在玛西堡公园的停车场，并看到一辆"红褐色、悬挂阿肯色州牌照的日本车"，车内无人。当时停车场内另有一辆车，车内坐着一名男士。第二位目击证人称，当他下车准备去洗手间时，这位不知名的男子也同时下了车，"看起来似乎心事重重"。第二位目击证人补充说，"然而，当我如厕完毕返回停车场准备离开时，那位不知名的男士也恰好驾车离开"。

第三位和第四位证人是一对朋友，他们驾驶同一辆车来到玛西堡公园的停车场，坐在车内边交谈边进餐。直到大约 6 时许，有人发现尸体并报告给公园警察。警方及急救人员赶到现场时，他们仍在停车场内。

发现尸体的报案人通过两位已经下班的公园管理处职员，在电话中向警方描述了事发经过。据报案人称，他前往玛西堡公园解决内急，向公园深处走了七百多英尺，来到第二座炮台下的陡坡林木处。方便之后，他无意间注意到附近的坡地上似乎有一袋东西，仔细一看，竟是一名男子一动不动地躺在地上。他本想立即报案，但玛西堡公园内没有公用电话。于是，他迅速驾车离开公园，驶入高速公路维修设施附设的停车场。在那里，他遇到了两名正在喝啤酒的公园管理处职员，便立刻向他们报告称在玛西堡公园发现了一具尸体。两名职员随即拨打 911 报警。在电话中向警方讲述完发现尸体的经过后，报案人可能觉得自己已经被耽误了很长时间，便匆忙驾车离开了高速公路维修设施附设的停车场。

接到报案的乔治华盛顿公园警察很快就来到了玛西堡公园。

刑事鉴识人员和刑警按照命案处理程序，对玛西堡公园发现尸体的现场展开证据搜集工作。与此同时，另一组刑警

案发时间及现场 1

案发时间及现场 2

则负责对尸体进行身份确认。他们在停车场发现了一辆本田汽车，并按照规定对其进行了详细检查。首先，通过相关机构根据车牌号和车辆基本信息，他们找到了车主，并确认该本田汽车属于一位名叫温森·福斯特的人。然而，接下来的发现令所有人都感到震惊。他们在车上找到了一张白宫识别证（类似于工作证），识别证上温森·福斯特的名字下方赫然标注着"白宫法律副总顾问"的头衔。经过刑警的反复核实，最终确认死者正是白宫法律副总顾问温森·福斯特。

来自乔治华盛顿公园警察局的杭特医生——一位经验丰富的法医——于晚间 7 时 40 分抵达玛西堡公园，并迅速展开对尸体的勘验。根据尸体状况，他判定死者系"因 0.38 口径手枪的子弹从口腔射入头部而致命"。鉴于温森·福斯特的特殊身份，杭特医生对尸体的检查格外细致和谨慎。最终，他在死因一栏中填写了"自杀"。

随后，温森·福斯特的尸体被救护车运送至费尔费克斯郡立医院的停尸间。根据美国案件属地处理制度，尽管温森·福斯特是白宫官员，但由于他死于乔治华盛顿公园附近的玛西堡公园，因此案件调查处理权归属于公园警察局，他的尸体将在此接受进一步的检验。

与此同时，在玛西堡公园炮台进行命案现场搜证的公园警察，根据现场发现的枪支、尸体上的火药残余物、伤口和血迹形态，以及现场未发现挣扎或打斗痕迹等线索，将温森·福斯特的死因归类为"枪杀，自杀致死"。

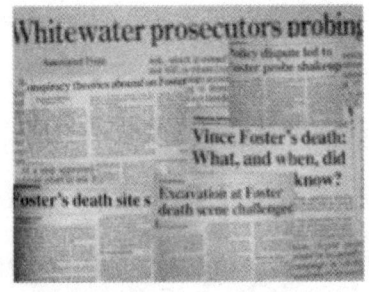

报纸报道 1

报纸报道 2

温森·福斯特于 1945 年 1 月 15 日出生于阿肯色州霍普镇的一个房地产从业家庭，他是美国第 42 任总统克林顿儿时的伙伴，比克林顿年长一岁半，也是克林顿中学和法学院的同窗。

温森·福斯特生前照片

温森·福斯特早年就读于戴维森学院，并于 1967 年以优异的成绩获得心理学学士学位。尽管他的父亲希望他投身家族产业——房地产业，但他最终选择了范德堡大学法学院。在法学院学习期间，正值"越战"高潮，他选择加入阿肯色州国民警卫队。后来，他转学到阿肯色大学法学院费耶特维尔分校。在法学院期间，他曾担任《法律评论》的执行主编，并以全班第一名的成绩于1971年获得法学博士学位。年轻的温森·福斯特不仅身材高大，而且风度翩翩。毕业后，他在阿肯色州的律师资格考试中取得了最高分。同年，他加入了阿肯色州小石城的罗斯律师事务所，并在三年后成为该事务所的合伙人。他与后来加入罗斯律师事务所的希拉里·克林顿和韦伯斯特·哈贝尔一起，被誉为"罗斯三剑客"。

了解温森·福斯特的人常说他"生来就是中年人"，这句话的含义显而易见：他成熟稳重，考虑问题周全，仿佛天生就属于精英阶层。而事实也的确如此，作为克林顿儿时的伙伴和同学，温森·福斯特凭借出色的能力，一直是克林顿从政团队中的关键成员之一。尤其在克林顿竞选州长和总统期间需要大量资金支持时，温森·福斯特负责处理克林顿与麦迪逊储贷担保公司的关系，并承担工业发展公司的工作。

温森·福斯特不仅与克林顿关系密切，与希拉里的关系也非同一般。两人于 1976 年相识，当时他们共同就职于罗斯律师事务所。共同的职业追求、相同的兴趣爱好以及性格上的投缘，使两人之间有了很深的默契。

1992 年 11 月 3 日，克林顿在总统竞选中获胜，温森·福斯特随即加入克林顿的过渡团队。1993 年 1 月 20 日，克林顿正式就任美国总统，而刚刚度过 48 岁生日 5 天的温森·福斯特凭借卓越的才干，正式进入白宫工作，担任白宫法律副总顾问。在此期间，温森·福斯特参与并承担了多项重要事务，包括起草行政命令、分析各项政策的法律影响、审查国际条约、讨论授权使用军事力量的后果，以及审批白宫内部支出等。此外，温森·福斯特还致力于将克林顿夫妇的金融资产纳入盲日信托（blind trust，又称保密信托，一种委托人放弃对信托财产的管理和支配权，由受托人全权管理的信托方式）。在 1993 年 1 月到 7 月的 6 个月时间里，温森·福斯特离开了阿肯色州，前往华盛顿。他兢兢业业地处理着与他的好朋友、现任上司克林顿相关的各项工作。

然而，温森·福斯特是法律方面的专家，白宫的工作让他有所收获的同时，也有所不适应，他本人并不喜欢成为公众关注的焦点。

仅仅 3 个月后,白宫"旅行办公室"争议爆发,温森·福斯特成为 1993 年 6 月和 7 月《华尔街日报》几篇批判性社论的核心人物。标题为"温森·福斯特是谁?"的评论让他深感不安,这或许是他首次意识到白宫的工作与以往大相径庭。他对处理旅行办公室事件、随后爆发的"白水门事件"以及克林顿的桃色新闻感到不堪重负,甚至担心国会听证会可能会传唤他作证。他对公众的关注感到极度不适,体重持续下降,失眠问题也接踵而至,这些症状都是他以前从未经历过的。他曾考虑过辞职,但又担心回到阿肯色州后会遭到非议,这对他而言无异于一种羞辱。

进入白宫仅数月,温森·福斯特就被临床诊断出患有抑郁症。他在阿肯色州的医生通过电话为他开具了抗抑郁药物曲唑酮。

之后,就在克林顿就任美国总统 6 个月之际,也是温森·福斯特进入白宫工作的第六个月,48 岁的他被发现死于玛西堡公园。

乔治华盛顿公园警察确认了温森·福斯特的身份后,立即通知了白宫。随后,白宫法律副总顾问去世的消息震惊全美。美国特勤局、联邦调查局等机构迅速派遣大量调查人员参与调查。

（一）案件带来的影响

作为华盛顿政坛的重要人物、白宫的关键幕僚、美国总统克林顿的密友兼私人财务律师、税务顾问，以及第一夫人希拉里的长期合作伙伴和密友，温森·福斯特的离世引发了诸多猜测和联想，案件迅速成为媒体和公众关注的焦点。在当时的反对党（共和党）看来，温森·福斯特的死并非简单的自杀，而是别有政治动机的谋杀，与"白水门事件"存在直接关联。甚至有人怀疑他因掌握"白水门事件"的敏感机密而遭人蓄意杀害。其中最耸人听闻的说法莫过于质疑玛西堡公园的自杀现场实为真凶精心布置的假象，意在掩护克林顿夫妇。

持上述观点的人甚至提出了三项证据：

其一，在得知温森·福斯特的死讯后，白宫方面立即宣布，此案将由国家公园警察负责调查处理，联邦调查局无须介入。

其二，在警方封锁现场之前，白宫工作人员已将温森·福斯特办公室的文件尽数带走，这让前来搜查证据的公园警察感到震惊。

其三，最为关键的是，温森·福斯特曾在一张纸条上写道："'白水门事件'是一个见不得光的丑闻。"舆论的汹涌浪潮似乎让人们相信，温森·福斯特案与"白水门事件"的审理结果，将直接影响到克林顿的政治生涯，甚至可能颠覆美国当前的政治格局。

当然，也有人试图为温森·福斯特寻找自杀动机，认为他当时的确处境艰难，面临着"白水门事件"调查的巨大压力，饱受攻击与质疑，精神压力可想而知。然而，并非所有人都接受这种解释。曾秘密录下温森·福斯特与莫妮卡·莱文斯基（Monica Lewinsky）对话的白宫女职员琳达·崔普（Linda Tirpp）就曾公开表示温森·福斯特之死背后必定另有隐情……

即便法医鉴定温森·福斯特死于自杀，公众仍然心存疑虑。

人们难以相信，一个年轻力壮、身居高位、前途无量的人会突然萌生自杀的念头。媒体舆论几乎一致认为，是克林顿谋杀了他的这位好友，而"白水门事件"的曝光正是原因之一。

然而，经过仔细分析，舆论的焦点主要集中在以下几个方面：

——温森·福斯特究竟是自杀还是他杀？如果是自杀，是因无法承受新工作的压力，还是因无法应对即将到来的政治风暴？他是受到胁迫，还是背后另有隐情？

——如果是他杀，谁是幕后指使者？谁是行凶者？其动机是什么（是否与克林顿夫妇有关）？

每一种可能性都蛰伏着一场政治风波。

当然，有一个问题已经形成了广泛的共识：温森·福斯特的死使得许多敏感的政治秘密被永远埋葬。

甚至在温森·福斯特去世半年后，各种带有主观臆测和偏见的流言蜚语依然四处传播，善意或恶意的猜测甚嚣尘上，且有愈演愈烈之势。

白宫方面迅速根据乔治华盛顿公园警察局、特勤局、联邦调查局等机构的调查结果，宣布温森·福斯特死于自杀。然而，这一结论无异于火上浇油，各种揣测加上一些不负责任的媒体的煽动性报道引发了社会动荡，导致街头发生暴动，有人趁机沿路纵火打劫，砸毁警车。

（二）温森·福斯特与"白水门事件"

温森·福斯特死亡案再次引发了公众对"白水门事件"的关注，共和党借此机会要求司法部任命一位独立检察官，对"白水门事件"及温森·福斯特案展开调查。

世界上总有一些事情令人难以解释，例如"独立检察官"这一职位。它诞生于1973年对尼克松总统"水门事件"的调查之后，并最终成为导致尼克松引咎辞职的原因。16年后，"白水门事件"发生了。"白水门事件"与"水门事件"仅一字之差，其调查结果所导致的后果是否会如出一辙？

1993年7月20日，温森·福斯特的遗体在华盛顿市区玛西堡公园的树林中被发现。由于死者身份特殊，几乎所有媒体都提及了克林顿夫妇的"白水门事件"。然而，"白水门事件"几乎成了一个空洞的名词，鲜有人深入了解其来龙去脉，以及温森·福斯特与"白水门事件"之间究竟存在何种关联。

（三）"白水门事件"

1978年，时任阿肯色州司法部长的克林顿计划参加当年的州长竞选，但他面临一个紧迫的问题——急需大量竞选资金。一天，克林顿接受一位老朋友的邀请，在阿肯色州州府小石城的黑豌豆饭店共进晚餐。这位朋友名叫詹姆斯·B.麦克道格尔，是一位热衷于结交权贵的房地产商人。席间，克林顿向麦克道格尔倾诉了自己竞选州长所面临的资金困境。麦克道格尔沉思片刻后，向克林顿透露了一个重要信息：在风景秀丽的阿肯色州白水河畔，有一片闲置多年的土地，总面积约为3600英亩。不久前，一群阿肯色州商人买下了这片土地。目前，这群商人正计划出售其中地段最佳的230英亩土地。麦克道格尔建议，如果克林顿能买下这230英亩土地，并将其分割成小块出售，收益将会非常可观。

麦克道格尔极力劝说克林顿投资入股，共同经营这笔生意。克林顿正为筹集竞选资金而苦恼，此时送上门的这笔利润丰厚的生意，他自然不愿错过。于是，克林顿与希拉里商议后，决定与麦克道格尔合作，并于1978年8月买下了那块230英亩的土地。有传言称，克林顿夫妇和麦克道格尔夫妇并未投入任何资金，甚至连交易所需的20.3万美元都是借来的。其中18.3万美元是以抵押贷款的形式从帕德森银行获得，另外2万美元则来自另一家银行。

几个月后，克林顿成功当选阿肯色州州长。上任不久，他或许是对老朋友的商业才能深感钦佩，又或许是为了更方便地运作那块 230 英亩土地的生意，便任命麦克道格尔为阿肯色州商务部和公路处的联络员。随后，他们开始对这块土地进行开发运作。他们再次借得 4.7 万美元，用于平整土地的道路以及勘测地基，同时成立了名为"白水房地产"（Whitewater Development Corporation）的开发公司，开始对外出售宅基地。起初，公司在芝加哥等北方繁华大都市投入巨资进行宣传，吸引了众多富有的退休人员前来考察，购置土地的人络绎不绝，前景一片光明。

1984 年，克林顿成功连任阿肯色州州长。

然而，不久之后，由于银行贷款利率的上升，白水房地产公司的资金周转开始出现困难，其房地产交易的热度也随之下降。此时，麦克道格尔展现了他作为商业运作高手的精明。早在 1982 年，他就利用出售土地的资金收购了拥有 300 万美元固定资产的麦迪逊储贷担保公司。这是一家联邦金融机构，专门帮助经营不善的公司进行储蓄和贷款，以摆脱资金困境。由于白水房地产公司的房地产业务仍在运营，麦克道格尔通过营造相互支撑的假象，将麦迪逊储贷担保公司的储蓄利率提高到全州最高水平，从而使得公司的储蓄业务激增，存款额从最初的 600 万美元迅速增长至 1.23 亿美元。随后，麦克道格尔又进行了一次精妙操作，这也是他当初收购麦迪逊储贷担保公司的初衷——利用该公司的储户资金购买了克林顿夫妇所持有的白水房地产公司 50% 的股份。

从 1978 年到 1982 年，短短四年间，在麦克道格尔的精心策划下，克林顿夫妇得以全身而退。自公司成立并开始运营以来，克林顿夫妇从未投入过任何资金，所有的运营资金均来自银行贷款。此外，希拉里在期货交易市场中多次未支付交易费用，这一行为使得公司在这方面获利颇丰。

除了利用储户的资金收购克林顿夫妇手中的股份，麦克道格尔还挥霍数百万美元进行了一系列投机性的房地产交易。然而，美国联邦家庭借贷银行董事会很快便盯上了麦克道格尔。几乎与克林顿成功连任阿肯色州州长同时，该董事会对麦迪逊储贷担保公司展开调查，并得出结论：该公司贷款程序严重混乱，已对其作为金融机构的信誉构成威胁。然而，麦迪逊储贷担保公司并未因此关闭。相反，由于"有关部门"对该公司的全面清查推迟至两年后（1986 年年初），麦克道格尔因此获得了 26 个月的喘息时间。在此期间，他试图通过各种手段向联邦管理部门证明其储贷公司拥有足够的偿债能力，甚至聘请希拉里任职的小石城罗斯律师事务所为法律顾问，并支付了聘用定金。

1989 年，面对阿肯色州金融管理机构要求麦克道格尔为其储贷公司筹集更多资金的压力，以及出售储贷公司的计划均告失败后，麦克道格尔积重难返，最终被控犯有银行诈骗罪并入狱，麦迪逊储贷担保公司也随之宣告破产。

麦迪逊储贷担保公司的破产造成了 6000 万美元的损失，而这一事件发生的时期正是克林顿连任阿肯色州州长期间。3 年后，即 1992 年 3 月，克林顿宣布竞选总统，《纽约时报》首次曝光了白水房地产公司事件，并将其称为"白水门事件"。然而，当时这一事件并未引起广泛关注。1993 年 1 月克林顿就职后，共和党人重提"白水门事件"，试图借此攻击克林顿。但由于缺乏确凿证据，仅存在一些疑点，共和党人为了避免引火烧身，并未对"白水门事件"紧追不舍。他们只是通过媒体和舆论向克林顿夫妇施压，呼吁其公开与"白水门事件"相关的文件及财务报告。最终，温森·福斯特的遗体在玛西堡公园的树林中被发现，这一事件以无法回避的方式再次将"白水门事件"推回媒体和公众视野的中心。

1994 年 1 月，在巨大的舆论压力下，克林顿为了证明自己的清白，同意将"白水门事件"交由美国司法部任命的独立检察官进行调查。

然而，尽管美国司法部和联邦调查局对"白水门事件"展开了立案调查，但并未得出公众期待的结果。据报告，希拉里在阿肯色州小石城罗斯法律事务所任职期间，曾从麦迪逊储贷担保公司获得一笔可观的非法红利。这笔钱最初被存入白水房地产公司克林顿的名下，随后希拉里通过合法程序将这笔钱转出，用作克林顿1984年竞选连任阿肯色州州长的费用。然而，克林顿夫妇提供了大量有力的证据，证明他们不仅未在白水房地产项目中获利，反而损失了投入的 6.9 万美元。

2000 年 9 月 20 日，独立检察官小罗伯特宣布结束对"白水门事件"的调查，并认定克林顿夫妇无罪。尽管如此，"白水门事件"仍是克林顿夫妇所经历的最大丑闻之一。而对温森·福斯特而言，这一事件已变得毫无意义。

四、友情与仕途

温森·福斯特与希拉里

　　温森·福斯特案件发生后，公众对他与第一夫人希拉里之间的"暧昧情事"议论纷纷，甚至出现了"希拉里'蓝颜知己'吞枪自杀之谜"的报道。事实上，与希拉里的情谊也是温森·福斯特进入白宫后面临的一大困扰。

　　1993 年，时任白宫法律顾问的努斯鲍姆曾与温森·福斯特有过一次意味深长的对话。

"你认为外界关于你最糟糕的传闻是什么?"努斯鲍姆问道。

"有人说我和希拉里有私情。"温森·福斯特回答道。

"传言是真的吗?"

"不,不是。"

努斯鲍姆相信温森·福斯特的回答是真诚的。

温森·福斯特与克林顿是儿时玩伴,自4岁起就是邻居,而与希拉里的相识则是在工作之后。温森·福斯特说话总是轻声细语,有时甚至近乎沉默寡言,这一点恰好与希拉里的性格形成互补。关于这一点,"罗斯三剑客"之一、后来成为美国司法部副部长并与希拉里、温森·福斯特同为好友的哈贝尔曾这样评价:"我认为在20年的时间里,没有人比他(温森·福斯特)与希拉里更为亲密,但我相信他们之间没有暧昧关系,这只是一种志同道合的深厚友谊,比情人之爱更为深刻。"

曾揭露1972年"水门事件"的美国著名调查记者伯恩斯坦对这对异性朋友的关系进行了分析。他认为,温森·福斯特是希拉里可以依靠的肩膀,他从她身上看到了自己的影子,而她则与他分享了无法与克林顿分享的那部分生活。他们的亲密关系对克林顿并不构成威胁，不存在不可告人的秘密。克林顿也欣赏温森·福斯特的谨慎、智慧以及对法律的精通。他明白什么是"发乎情，止乎礼"，而这也正是克林顿所缺乏的。

然而，随着白宫岁月的开始，从她成为"第一夫人"起，他们的关系发生了变化。他所做的或许再也无法满足她的政治需求与野心，她不再允许他继续扮演好朋友的角色。

2016 年 6 月 2 日，英国《每日邮报》曾报道过温森·福斯特死亡事件的相关调查细节。前特工科普兰（Coy Copeland）作为该案件的高级调查员，在汇总各类调查信息时发现，在温森·福斯特自杀前，希拉里曾在一次内部大型会议上对他进行了极为严厉的斥责。

这场会议由希拉里主持，出席者包括温森·福斯特和其他白宫高级顾问，他们围绕希拉里提出的一项医保法案提出建议。当时，希拉里对自己的法案似乎充满信心，无法容忍任何反对意见。因此，当温森·福斯特从法律专业的角度提出反对意见时，希拉里当场勃然大怒。她毫不留情地严厉斥责了温森·福斯特，甚至嘲讽他不过是一个来自乡下的小律师，声称他根本没有准备好承担重大责任。这种言论无疑是对温森·福斯特能力的根本否定。作为白宫的高级顾问，他的职责本就是协助总统进行决策，而希拉里的评价无异于指责他无法胜任这份工作。更何况，这番话还是在所有同事面前说的，这无疑等同于当众羞辱温森·福斯特，令他颜面扫地。

1993 年 7 月，温森·福斯特生命的最后一个月，据称他与希拉里交谈的次数最多只有一次。希拉里的做法无疑加深了温森·福斯特对友情的失望。

事实上，在希拉里斥责温森·福斯特之前，温森·福斯特的精神压力已经相当大。训斥事件结束后，温森·福斯特的情绪恶化到连亲友都能明显察觉的地步。他甚至向妻子透露过辞职的念头。然而，他最终并未向白宫递交辞呈。因为他的个性与自尊心不允许他在任何人面前暴露自己内心的崩溃。

这种坚持或许成了压垮他精神的最后一根稻草。

温森·福斯特自杀前一周左右，曾与朋友共度周末。作为聚会的核心人物，他向来热衷于与朋友欢聚，但那次聚会中，他却表现得异常沉默。温森·福斯特出身富裕家庭，受过良好的教育，与克林顿和希拉里私交甚笃。他的善良、学识以及所处的社会地位，不允许他做出任何轻率之举或背叛朋友情谊的事。然而，他只能独自默默承受着一切。或许就在一夜之间，他的心境已判若两人。

当一个人的良知告诉他需要表达，而理智与地位却迫使他保持沉默时，他无法分辨这种沉默究竟是堕落，还是人格的升华。作为一名资深律师，他性格稳重，深知沉默有时是一种智慧的选择。而不沟通、不交流、不愤怒也不悲伤，则是一种更为克制的表现，如何解决问题才是关键。那一刻，他似乎突然领悟到，自己所拥有的一切——包括善良与才华——在权力面前，在那些身份已变的昔日朋友面前，如果坚持做自己，可能将变得一文不值。或许，远离与彻底沉默才是唯一的解决之道。

事实上，温森·福斯特并不适合涉足政治领域，却毫无防备地被卷入美国政治的"核心舞台"。他在日记中坦言："我的无知、缺乏经验以及超负荷的工作量让我屡屡犯错。我无法适应这份工作以及华盛顿聚光灯下的生活，尔虞我诈、殚精竭虑的斗争令人心力交瘁。"或许，正是政治上的失意与工作上的压力，让人们愈发渴望友情的慰藉，那是一种寄托着温暖与希望的情感。当友情也破灭的时候，所带来的打击或许是毁灭性的。

在多数人看来，白宫方面在最初得知温森·福斯特死讯时的反应存在诸多不合常理之处，因此引发了外界的广泛质疑。白宫方面的异常有如下表现。

首先，反应时间过慢。根据公园警方的记录，他们在 20 日下午 6 时左右发现了温森·福斯特放在车上外套口袋中的白宫识别证，并立即通知了白宫的秘勤人员。然而，白宫直到晚上约 10 时才由负责白宫安全工作的李·文斯顿前往医院进行认尸。考虑到白宫与费尔费克斯医院的距离，即使再远，也无须三个多小时，何况实际距离并不远。

那么，这段时间白宫究竟在忙些什

么？资料显示，在这段时间，温森·福斯特位于白宫西翼二楼的办公室几乎被彻底搜查。参与搜查的人员包括他的上级——白宫法律顾问努斯鲍姆、希拉里的幕僚长玛格丽特·威廉丝、白宫行政长官汤普森，以及李·文斯顿本人。

当时被派去看守温森·福斯特办公室的秘勤局探员目睹威廉丝从温森·福斯特的办公室带走了一箱箱文件。贝茜·汤普生为了打开温森·福斯特办公室的保险箱，在四处打听密码无果后，甚至动用了特勤单位来协助打开保险箱，取走了一些文件。

白宫采取的这些措施与美国独特的警察制度密切相关。由于美国实行各州自治，案件处理权通常归属于案发地的当地警察部门。例如，温森·福斯特在公园自杀，其案件管辖权便归华盛顿公园警察局所有。从国家最高行政机构的角度来看，温森·福斯特作为白宫法律副总顾问，白宫在公园警察到达之前处理他办公室的资料或许是合理的——只要不是克林顿夫妇亲自拿走文件。至于克林顿夫妇的行为，当一个人的工作涉及国家利益时，他们是否还能优先考虑个人情感？这很难说。但可以肯定的是，克林顿夫妇并没有像温森·福斯特那样行事。

事态的发展与预期背道而驰，无论是在友情还是工作方面，温森·福斯特都陷入了孤立无援的境地，而"白水门事件"的不断升温更是雪上加霜。7月20日下午1点，温森·福斯特离开了办公室。5个小时后，警方在弗吉尼亚州玛西堡公园发现了他的尸体，他用一把左轮手枪向自己口中开枪，结束了自己的生命。温森·福斯特死前留下了一张字条，上面写着："公众绝不会相信克林顿夫妇及其忠诚幕僚的清白了。"然而，令人疑惑的是，他销毁了与"白水门事件"相关的文件。

　　据说，希拉里得知这个消息后彻夜未眠，她在给朋友的电话中痛哭流涕。她说："在一千个可能自杀的人中，我怎么也想不到会是温森·福斯特。"克林顿后来告诉朋友，温森·福斯特的死"彻底击垮了希拉里"。温森·福斯特的一位朋友则说："我想希拉里的内心在泣血，她从未真正从那件事中恢复过来。"

六、媒体、民意、反对党的不依不饶

温森·福斯特案曾经历过两次调查。

第一次调查由案发地管辖的美国公园警察于 1993 年展开。由于温森·福斯特在白宫的特殊职位，联邦调查局及其他几个州的联邦机构也参与了此次调查。1993 年 8 月 10 日，司法部、联邦调查局和公园警察局联合发布了调查结果，报告指出："根据现场情况、法医调查及收集的信息显示，温森·福斯特先生系自杀身亡。"

第二次调查则由验尸官和独立律师小罗伯特负责。1994 年 6 月 30 日发布的 58 页报告同样得出结论：温森·福斯特的死因是自杀。这份报告充分利用了联邦调查局的资源，并采纳了多位经验丰富的病理学家的意见。此外，报告还依据以下事实：在温森·福斯特去世后的第六天，即 1993 年 7 月 26 日，白宫法律副总顾问史蒂夫·纽沃斯在温森·福斯特的公文包中发现了一堆碎纸片。白宫法律顾问伯纳德·努斯鲍姆随后复原了这堆被撕成 27 片的碎纸片，确认其为温森·福斯特的辞职信草稿。伯纳德·努斯鲍姆于次日晚上将复原的辞职信交给了公园警察中尉约瑟夫·梅格比。

在 8 月 10 日美国司法部与公园警察局联合召开的新闻发布会上，官方披露了稿纸的内容及鉴定结果：美国司法部指出，稿纸上有污迹的掌纹，但未发现指纹。他们确认，笔迹确为温森·福斯特所写。

独立检察官小罗伯特在关于"白水门事件"的报告中提到：联邦调查局实验室于 1995 年对稿纸进行了指纹检查，确定稿纸上的掌印属于温森·福斯特。尽管有三位笔迹专家声称该稿纸系伪造，牛津大学手稿专家雷金纳德·奥尔顿（Reginald Alton）也表示，伪造手法"较为普通，不一定是专业人士所为，一个能够伪造支票的人即可完成"。然而，经过国会警察局和联邦调查局的三次独立笔迹分析，最终认定稿纸上的笔迹确为温森·福斯特所写。在撕毁的辞职信中，温森·福斯特表达了自己内心的苦闷，例如"我本就不适合这份工作，也不适应在华盛顿聚光灯下的公众生活；在这里，毁掉一个人被视为一种运动"，并表达了对一些事情的不满，例如"《华尔街日报》的编辑撒谎却不受惩罚"，等等。

尽管官方的五项调查均证实温森·福斯特死于自杀，但媒体、民意以及反对党依然对此持怀疑态度。尤其是在扳机上未发现自杀者的指纹，且手枪枪套下落不明的情况下。

甚至一些业内专家学者也在报纸上发表文章，对现场物证提出疑问。由于他们是业内人士，其质疑似乎更具专业性。这些质疑主要集中在四大方面，共12个重点。

（一）死者的姿势，血迹（液）与伤口、眼镜等方面问题

1.死者的姿势过于端正，与常见的吞枪自杀者有明显差异。照片中，温森·福斯特死亡后的脸朝向正前方，而非通常的偏左或偏右。此外，他用右手拇指扣动扳机，这种方式对于吞枪自杀来说极不方便。更令人疑惑的是，自杀后手枪仍留在死者手中，而非被抛到地上。死者的眼镜被放到离脚十三英尺远的地上，这究竟是死者自杀前自己放的，还是被子弹冲击力弹飞的？这些细节都不符合常规吞枪自杀的情形。

2.对于一个吞枪自杀的现场而言，警探在现场发现的血液量似乎过少。这不禁让人怀疑，温森·福斯特是否在到达这个自杀现场之前就已经遭受过枪击？

3.温森·福斯特右脸颊上的血迹是否被忽视了？他脖子上是否有伤口？他的身上是否留有打斗的痕迹？是否沾有其他人的血迹？此外，如何证实温森·福斯特衣物上的血迹以及他所持枪支上的血迹是由吞枪自杀造成的？

4.温森·福斯特的眼镜为什么平放在身旁？

简言之，温森·福斯特看起来并不像是自杀。

（二）枪支、子弹，以及发射弹痕问题

1.死者被发现时手中是否确实持有枪支？如果有，这把枪的来源是什么？该枪支在鉴定过程中是否遭到联邦调查局有意混淆或调换？此外，这把枪在使用前被存放在何处？

2.枪支的下落如何？为何有传言称当前发现的枪支并非死者所有，而是死者家属在认领时，调查人员故意调换以误导视听？

3.死者双手上的枪弹发射痕迹分布情况如何？这些痕迹代表什么意义？死者口腔内的枪弹发射痕迹分布情况如何？此外，枪弹发射痕迹在死者衣物及脸颊上的分布又是怎样的？

（三）第一现场、照片、X 光片问题

1. 玛西堡公园是否为第一现场？死者身上有无实体物证证明陈尸处即为第一现场？

2. 为何现场搜证时所用的 135 毫米胶卷相机失灵？

3. 为何验尸官在实验室所摄的 X 光片也未能显影？

（四）纤维物证、指纹问题

1. 温森·福斯特的身上有无纤维物证，来自哪里？

2. 枪上为何只有两枚清晰的指纹？现场及车上有无其他人的指纹？

七、李昌钰博士进行现场勘察及重建

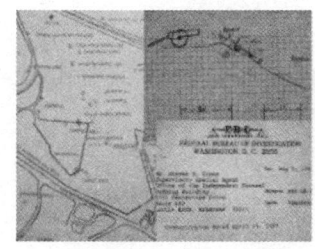

李昌钰的案发现场报告

温森·福斯特自杀两年后，即1995年，美国国会成立了独立调查特别委员会。该委员会由检察官肯尼斯·斯塔尔主持。他通过联邦调查局邀请著名刑侦鉴定专家李昌钰博士担任首席鉴识专家，协助调查工作。

1995年6月底的一个周末，在联邦调查局及肯尼斯·斯塔尔检察官办公室人员的陪同下，李昌钰博士来到玛西堡公园，对温森·福斯特命案现场进行了再次勘查。

由于温森·福斯特命案，整个玛西堡公园，特别是温森·福斯特的自杀现场，经历了大规模的搜证行动。为了找到导致温森·福斯特死亡的子弹弹头，调查人员几乎将自杀地点周围的表层土壤翻了个遍，地形环境因此发生了显著变化。然而，通过比对现场照片，李昌钰博士依然有所发现。

李昌钰现场勘查照

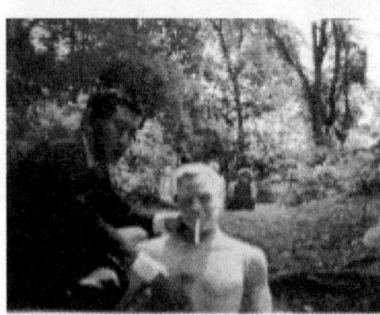

李昌钰在现场用假人模拟

现场照中温森持枪的右手

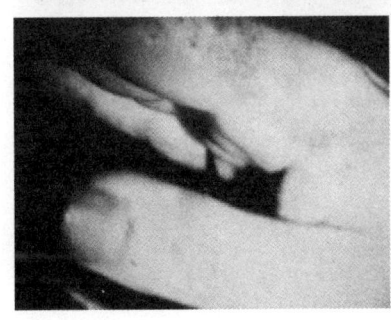

温森持枪右手的火药痕迹

第一，证实自杀用枪。

在温森·福斯特命案现场发现了一把点 38 口径左轮手枪，其枪柄带有独特的交织格子状花纹。通过对两个序列号码的追查发现：该枪于 1913 年 9 月 14 日在华盛顿州首府西雅图制造，并于同年 12 月 29 日在印第安纳州印第安纳波利斯售出。然而，另一个序列号码的来源尚未查明。经烟酒枪械管理局化验室的检验证实，这把拥有八十年历史的老式手枪依然能够正常使用。

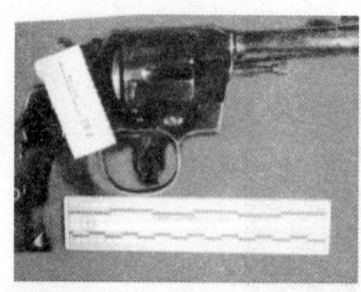

温森·福斯特自杀的左轮手枪

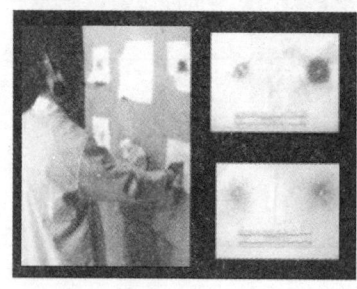

李昌钰在检测弹痕

　　温森·福斯特的遗体引起了广泛关注，尤其是他左右手掌及食指、拇指上有明显的黑色火药残留物（左手的火药残留物痕迹略轻于右手）。从枪口、枪身采集到的血迹、唾液和肌肉组织经过 DNA 测试比对，证实均属于温森·福斯特。此外，手枪产生的火药残留物与温森·福斯特手上的残留物一致，这表明现场发现的手枪正是温森·福斯特用于自杀的武器。

　　温森·福斯特从裤子口袋中取出枪时，很可能是握着枪柄将其掏出。根据他手上的灼痕分析，他以右手在下、左手在上反握枪柄，将枪管伸入口中，右手大拇指扣动扳机。由于他反握枪柄的手靠近装子弹的转轮弹仓，子弹射出时导致火药残余物沉积在手上。

第二，解释血迹疑云。

根据电脑检查结果，现场照片和验尸报告均清晰记录了温森·福斯特的脸颊、白衣领口以及右肩处有明显血迹。其中，右肩的血迹从颈部延伸至手臂上方，呈现为湿透状，这是由于大量血液流动导致服装纤维充分吸收血液。除此之外，李昌钰还注意到，照片显示死者上衣、脸部以及手部均存在高速血迹喷溅痕迹，这是典型的枪械射击后因后坐力产生的血迹形态。

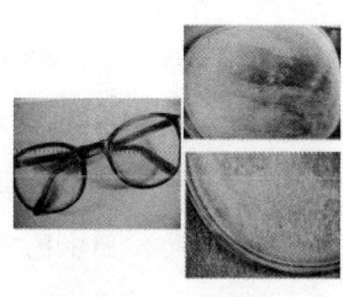

温森·福斯特的眼镜

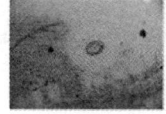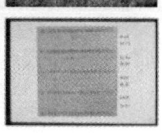

温森·福斯特的眼镜分析报告

通过在放大仪器下仔细观察现场照片，尸体上的血迹形态均保持完整，未发现任何摩擦痕迹。这证实了玛西堡公园是温森·福斯特的初次自杀现场。这些血迹形态均为血液自然流动时形成，一旦尸体被移动或触碰，血迹形态将遭到破坏且无法复原。

温森·福斯特的脸上还留有两道干涸的血迹以及一大块接触性血迹。经检验，两道干涸的血迹是从右脸颊的眼部、耳部、鼻子流至嘴部，这是由于死者头部孔窍出血所致。而右脸颊的接触性血迹，则是死者右肩上沾满血迹的衣服接触到脸颊后移开所留下的痕迹。这一现象引发了普遍的质疑。常识表明，如果死者是吞枪自杀，扣动扳机后，血液应向后流动，为何还会从眼睛、耳朵、鼻子等处流至嘴边？这也是李昌钰心中的一个困惑。直到他亲自到达玛西堡公园现场，才找到了答案：这是由于照片造成的错觉。照片中，死后的温森·福斯特看似平躺在地上，而实际现场的地形是坡状的。

温森·福斯特是后背依靠在坡上吞枪自杀的，因此他的血液流向与平躺在草地上吞枪自杀者的血液流向有所不同。

这一发现同样解答了那些对温森·福斯特死后尸体姿势过于端正的质疑。

第三，为第一自杀现场找到证据。

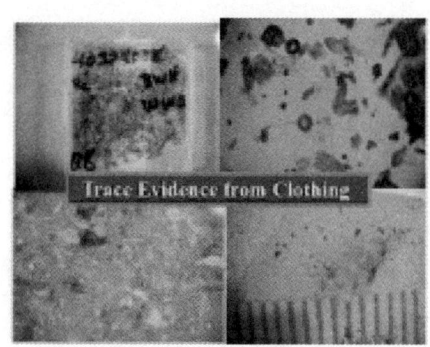

衣服上的痕迹证据

认为玛西堡公园并非温森·福斯特死亡第一现场的人，通常持有这样一个论点：温森·福斯特的尸体和现场都显得过于干净。然而，恰恰是这种"现场太干净"的现象，反而成为证明温森·福斯特陈尸处就是第一现场的最有力证据。如果温森·福斯特是在其他地方死亡，再将尸体运至玛西堡公园，那么在尸体运送过程中，必然会因大量流血而产生新的血液痕迹。就像公园警察将温森·福斯特的尸体从现场运到医院时尸袋中出现了大量血液一样，温森·福斯特的衣物和身体绝不可能像现在这样干净。

实际上，现场也并非完全"干净"。通过电脑技术处理并放大的一张现场照片显示，温森·福斯特尸体附近的植被草叶上有几处呈现红褐色。经过科学分析，这些红褐色物质被证实为血迹。

此外，对从温森·福斯特皮鞋上一处小破损口采集到的尘土与植物痕迹，与玛西堡公园的土壤和植物进行化验比对后，发现了相同的矿物质云母和植物痕迹。

第四，照片物证和神奇的葵花籽壳。

在温森·福斯特自杀案中，公园警察在案发后第一时间对死者遗体、现场物证及周边环境进行了拍摄取证，使用了拍立得相机和135毫米胶卷相机。然而，由于缺乏处理重大案件的经验，拍立得相机拍摄的照片因焦距不准而模糊不清，135毫米胶卷相机拍摄的照片则因曝光不足而无法使用。此外，现场取证人员未对温森·福斯特尸体附近发现的碎骨和肌肉组织进行详细记录。更令人费解的是，温森·福斯特的遗体在被送往费尔费克斯郡立医院进行尸检前，医院虽使用了新购置的X光设备拍摄了多张X光片，但因设备故障，所有影像均未能清晰呈现。

除了上述证据的缺失，死者衣物上是否有纤维物证、死者眼镜与身体的相对位置，以及死者身下地表及地表下土壤中血迹的形态和数量等记录也均不完整。

由于照片的失败、现场取证的疏漏，再加上失踪的子弹，重建犯罪现场变得极为困难。

为了寻找新的线索，李昌钰对温森·福斯特的遗物进行了更为细致的复查。其中，一件物品引起了他的注意：在温森·福斯特汽车副驾驶位置前的手套箱里，放着一只通常用于厨房的宽大棉手套。这种手套放在厨房烤箱旁并不奇怪，但出现在像温森·福斯特这样身份人士的车中却显得极不寻常。李昌钰仔细检查了这只棉手套，发现手套内藏有一片不完整的葵花籽壳和一些老鼠粪便。进一步观察手套内侧的面料时，他还注意到疑似其他物质的残留物。很快，这只手套被送往化验室进行专业分析，结果显示手套内侧面料存在铅和锑的金属反应。

在继续检查温森·福斯特自杀当天所穿长西裤的左口袋时，李昌钰再次遇到了"老朋友"——葵花籽壳。

经过对比分析，温森·福斯特左裤口袋中的葵花籽壳与手套内的葵花籽壳属于同一类产品。李昌钰当即要求："立即将长西裤送至实验室进行检验，尤其要重点检测左裤口袋。"仪器分析结果显示，左口袋同样存在铅和锑的金属反应。

温森·福斯特的左裤口袋和隔热棉手套均检测出金属反应，这两者与葵花籽壳之间究竟有何关联？调查委员会向温森·福斯特的家人、朋友和同事进行了询问，他们均表示温森没有嗑瓜子的习惯。然而，温森·福斯特的家人提到，那只隔热手套是他们家厨房中用于从烤箱中取物的工具。

调查员带来的新线索让李昌钰博士突然洞察了其中的联系："显然，有一只老鼠带着葵花籽，把棉手套当作过冬的庇护所，在里面剥开葵花籽，吃掉了瓜子仁，却留下了碎壳。而温森·福斯特临出门前恰好使用了这只棉手套作为枪套，因此左轮手枪在棉手套内留下了铅和锑的痕迹。当车停在停车场时，温森·福斯特从手套中取出左轮手枪时，也带出了葵花籽壳，随后他将这些碎壳放进了左裤口袋……"

老式左轮手枪无意中成了葵花籽壳的"交通工具"，同时也揭示了案件的真相。

试想，如果温森·福斯特是被人谋杀，凶手会如此煞费苦心，从他家中找出老式左轮手枪，再从厨房拿隔热手套当作枪套放在车上，然后开车到玛西堡公园去行凶吗？

在隔热棉手套中发现的铅和锑金属反应，以及在裤子口袋中同样检测出的金属反应，只有温森·福斯特自己携带枪支才可能产生这样的结果。而葵花籽碎壳的发现，则为所有证据构建了一个完整的证据链。这也让李昌钰博士完成了一个经得起推敲的、合理的现场重建推理。

1993 年 7 月 20 日，温森·福斯特驾驶着汽车，沿着乔治华盛顿公园大道向西行驶，跨过波多马克河后，他轻轻转动方向盘，向北驶入玛西堡公园的停车场。

车停稳后，他坐在座位上沉思片刻，微微蹙眉，似乎在犹豫什么。最终，他下定决心，自言自语道："就是这里吧！"他下了车，绕到车的右侧，打开车门，缓缓脱下西装，解开领带，将它们整齐地叠好，放在副驾驶座位上。接着，他俯身打开座位前方的手套箱，取出一只棉手套——这只原本用于隔热的厨房烤箱手套，是他在离家前随手拿的，临时充当枪套。他从棉手套中取出一支左轮手枪，放入西装长裤的左口袋。随后，他轻轻关上车门，凝视着这辆陪伴他多年的老车，然后迈步向公园深处走去。

温森·福斯特缓步踱到小道尽头，环顾四周，瞥见了草坪上的第二座古炮。于是，他朝古炮走去。行走间，他能感觉到左轮手枪在长裤左口袋中与腿部的轻微摩擦。

温森·福斯特不禁想起，这支左轮手枪是父亲三年前去世时留给他的遗物。那时他45岁，正值壮年，高大英俊，事业有成，家庭美满，是家中的骄傲。他从未问过父亲是否为他感到骄傲，或者是否曾为他担忧？然而，冥冥之中，父亲却留给了他这支手枪。他性格温和，举止稳重，父亲知道他并不擅长舞刀弄枪。他一直认为，自己的真正武器是丰富的法律知识，以及忠于友谊的做人原则。比如，他与时任总统克林顿、第一夫人希拉里的友情，以及几个月前随克林顿进入白宫、在小石城罗斯律师事务所并称"三剑客"的好友们。

如果父亲预见到今天他将要做的事情，会不会选择不把这支枪留给他？又或许，父亲也希望他不再继续痛苦，冥冥之中早已做了安排？如今，这些都不重要了。

温森·福斯特走到炮口下方的斜坡处，背靠斜坡坐了下来。他从口袋里掏出了那把手枪——一支1913年出厂的点38

口径老式柯尔特左轮手枪。他曾怀疑过，这把年代久远的枪是否还能正常使用。几年前，他将这把手枪从小石城带到华盛顿时，曾试射过一次。"希望它不会让我失望。"温森·福斯特心中默念着。他双手反握枪柄，将枪口对准自己，右手大拇指缓缓伸进扳机的护弓。他试着将枪口含入口中，或许下意识地闭了闭眼睛："就像电影中常演的那样，干净利落。"他再次在心中默念……与此同时，右手拇指扣动了扳机。

枪的撞针击发子弹底火，火药从弹舱和转轮间喷发而出。"砰！"一声闷响从口腔深处传至每一条紧绷的末梢神经。子弹从枪口射出，钻进后口咽喉的软组织，迅速在颅内开辟出一条斜行通道，穿过肌肉、血管和头骨，从后脑处穿出。

如同电影中的慢镜头，子弹带走了一个灵魂，失去知觉的身体遵循重力，缓缓地倒在了草地上，头依然半倚在斜坡上。他的右手仍紧握着那把致命的左轮，拇指依然扣在扳机的护弓中。温森·福斯特蹙着的浓眉终于轻轻舒展开来，不知是否还会留恋这48年来从他生命中走过的每一位亲人、朋友和搭档。

"但愿我的死能带走朋友们的一切烦恼。"或许，这是他扣动扳机时心中最后的念头。

又或许，在那一刻，他什么也没有想……

1995 年，李昌钰博士根据多方资料以及自己的研究发现，将鉴定结果整理成了一份长达 500 页的报告。其中一份提交给了国会"白水门事件"的特别检察官，另一份则由自己留存。

由特别检察官肯尼斯·斯塔尔领导的最终调查委员会采纳了李昌钰博士在物证和法医证据方面的研究结论，同时独立法律顾问办公室也认可了所有审查温森·福斯特案件机构的结论。最终，委员会得出结论："没有证据支持温森·福斯特被谋杀的论点，温森·福斯特于 1993 年 7 月 20 日在玛西堡公园自杀。"

历经两年的喧嚣与争议，温森·福斯特自杀案终于在李昌钰博士提交 500 页鉴定报告后，暂时告一段落。纵观历史，任何事件都有其发展规律。世界或许会因某个人或某件事而出现短暂的转折，但很快又会回归到既定的轨道上来。历史不会因某个人或某件事而被轻易改写。

李昌钰出具的鉴定报告

寄到李昌钰实验室的群众来信

尽管人们至今无法获知这份鉴定报告的详细内容,但有一点可以确定:共和党已暂时停止利用温森·福斯特案攻击克林顿总统,媒体也不再以民意作为借口对此事紧追不舍。有传闻称,由于案件的知名度,李昌钰博士曾收到过一些试图打探案情的要求。对此,李昌钰博士回应说,他一直是国家公职人员,经手过许多案件,都是按照供职机构的安排和要求履行职责,因此他个人无权处理这些案件的文献资料。此外,任何职业都有其应遵守的职业操守,而作为一名鉴识科学家,更需要具备并严格遵守职业道德准则。否则,他也不会在两年后被任命为康涅狄格州警政厅厅长。

1995 年，李昌钰博士已过天命之年。由于这起案件，他收到了来自美国各地的上万封信件。许多来信表达了对他的感激之情，感谢他揭示了真相，维护了正义。然而，面对这些信件和堆积如山的卷宗，他的心情却越发沉重，不禁为比自己年轻 7 岁的温森·福斯特感到深深的惋惜。

他仿佛看到了那个从阿肯色州小石城走出来的温森·福斯特，年轻而充满朝气，对未来满怀希望。他和朋友曾热烈讨论着理想、前途，以及美国的法律制度；他仿佛看到了三十多岁的温森·福斯特，依然意气风发，为朋友成功连任州长而四处奔波；他仿佛看到了 20 年后的温森·福斯特，人到中年，沉稳而踏实，为朋友在总统竞选中获胜而更加尽心竭力地出谋划策。当他的朋友赢得大选时，也正是他生日刚过不久，他仿佛看到了整个团队举杯庆祝的场景。几个月后，在朋友的就职典礼上，他仿佛看到了温森·福斯特高大的身影在人群中流露出对朋友由衷的钦佩。温森·福斯特热爱学习，忠于友谊，信仰法律，但最终却未能抵挡住政治的险恶和谣言的攻击，带着对政坛的遗憾和对友情的失望，结束了自己的生命。

李昌钰博士很想对这位被认为前途无量的年轻人说，生活不仅仅是闪光灯、鲜花和掌声。除了光环和成功，生活还有父母、兄弟、妻子、儿女和朋友；还有每天的朝阳与晚霞。

李昌钰博士合上了那份厚厚的卷宗，站起身，将它插入了排满档案夹的档案架中。

2025 年 1 月 20 日定稿于美国夏威夷

泰国议员死亡案

3

人物

汉通·图姆瓦塔纳
（Hangthong Tumwattana）
图姆瓦塔纳家族二儿子，泰国众议院议员、泰国公民党（The Citizen's Party）领袖

诺普多·图姆瓦塔纳
（Noppadol Tumwattana）
死者的弟弟，图姆瓦塔纳家族四儿子

苏瓦皮·图姆瓦塔纳
（Suwapee Tumwattana）
图姆瓦塔纳家族商业王国创始人，汉通、诺普多的母亲

萨马克·桑达拉维
（Samak Sundaravej）
苏瓦皮·图姆瓦塔纳的遗嘱执行人，又译为"沙马·顺达卫"，2008 年当选泰国第 25 任总理

李昌钰博士
（Dr.Henry Lee）
美籍华人刑侦鉴识专家

庞庭博士
（Dr.Pornthip Roianasunand）
泰国法医科学研究所副所长，著名法医

艾德里安·利纳克雷博士
（Dr.Adrian Linacre）
苏格兰法医、病理学家

萨维特·坎溓
（Sawait Kanluen）
芝加哥法医、病理学家

凯迪·赛德齐克
（Kiti Suthatchat）
李昌钰鉴定中心泰籍专家

他信·西那瓦
（Thaksin Shinawatra）
2001 年当选泰国第 23 任总理

肯尼·法夸尔森
（Kenny Farquharson）
泰晤士报记者

2004 年的平安夜前夕，飞往泰国的航班上有一位特别的乘客。空乘乘务人员带这位乘客李先生到自己的座位后，依工作要求为李先生倒茶，并提供点餐服务。尽管李先生礼貌地微笑着倾听空姐们的介绍，但他的神情略显沉重，似乎心思并不在航程的介绍上。用餐后，他向空姐们表达了感谢，并表示希望休息。空姐们迅速收走餐具，为他关闭了头顶的灯光，悄然离开。

李先生简单整理了座位旁台子上的物品，放平座椅，躺下后盖上了飞机上为乘客准备的毛毯，闭上了眼睛。

实际上，当空姐们以为李先生正在休息时，他的思维却像一台高速运转的计算机，迅速进入了工作状态。当然，今天的他与往常有些不同。他闭着眼睛，沉思片刻，将脑海中纷繁的思绪逐一梳理，并然有序地归入一个个不同类别的"文件夹"。随着这些文件夹逐一关闭并隐没于他的思维深处，他的意识中最终只留下了一个文件夹。

此时，闭着眼睛的李先生，在脑海中全神贯注地"看着"这份文件夹，并缓缓地打开了它……

这位李先生并非普通人，他是美国著名的刑侦鉴识专家、纽海文大学终身教授、前全美首位最高警政长官、康涅狄格州前警政厅厅长——李昌钰博士。而他脑海中打开的文件夹，正是此次飞行的目的地——曼谷，一起错综复杂的案件：图姆瓦塔纳家族次子、泰国众议院议员、反对党领袖汉通·图姆瓦塔纳究竟是自杀还是他杀？

2003 年 11 月 24 日傍晚，在美国康涅狄格州纽海文大学，一间标有"Dr. Henry Lee"标志的办公室门，随着一阵轻轻的敲门声和一声"进来"的回应，被人缓缓推开。

"博士，之前在我们鉴定中心工作过的泰国籍科学家凯迪·赛德齐克先生已经在我的办公室等您将近五个小时了。他有重要的事情想见您。"

推门进来的是秘书巴布尔，而正在办公室里工作的人正是李昌钰博士。

巴布尔自李昌钰博士担任康涅狄格州警政厅厅长以来便一直跟随他工作，因此她对李昌钰博士非常了解。她知道，尽管快到下班时间了，但对于等了五个多小时的客人，博士一定会见。更何况，这位客人还是曾经在鉴定中心工作过的同事。

"那你快请他进来吧。"果然，李昌钰博士这样回应道。

面色凝重的凯迪·赛德齐克走进李昌钰博士的办公室，没有一句寒暄，立刻关上门，拿出一张打开的报纸放在办公桌上，转了个方向推到昔日上司的面前。

是的，五个多小时，凯迪·赛德齐克一直在等待这一刻，他甚至来不及说一句客套话。看得出来，他在极力控制自己的焦虑情绪。

在航班上，此刻若有人恰巧瞥见李昌钰博士，定会注意到他的眼皮微微颤动。李昌钰博士正闭目回忆着这次出行前的场景，眼前正浮现出那张报纸上的内容。

《曼谷报道》头版用粗体特大字号刊登了一则重大新闻：

"2003年11月16日，诺普多·图姆瓦塔纳因被指控谋杀其兄长——国会议员汉通·图姆瓦塔纳而被捕。"

"这是怎么回事？"李昌钰博士面带疑惑地从报纸上抬起头，目光投向凯迪·赛德齐克。

"博士，请您务必帮忙。诺普多·图姆瓦塔纳，他是个好人，是我最敬重的人，但他刚刚被警方逮捕了。他是清白的……却被检察官以一级谋杀罪起诉。您知道，在泰国，一旦一级谋杀罪成立，将面临死刑。"

凯迪·赛德齐克的语气急切，但语速缓慢。他竭力用最简洁、最准确的语言向李昌钰博士说明情况。尽管他努力控制情绪，但因需要思考，言辞间仍有些许不连贯。

"您慢慢说……"李昌钰刚说完这句话，突然意识到对方已经放慢了语速，于是稍作停顿后补充道："我明白，您继续说，我在听，您别着急。"

于是，凯迪·赛德齐克向李昌钰博士讲述了一起发生在1999年9月6日的泰国案件：一位名叫汉通·图姆瓦塔纳的泰国公民党领袖死在他弟弟卧室房间的椅子上，死因是右太阳穴中枪。他的弟弟诺普多·图姆瓦塔纳报了警。警方的法医根据现场情况判定汉通·图姆瓦塔纳为自杀。

然而，泰国的政治局势始终处于不稳定状态。执政党高层不仅与当时的反对党存在政见分歧，其内部也因利益分配问题而矛盾重重，而死者则是反对党之一——泰国公民党的领袖。与此同时，案件涉及的图姆瓦塔纳家族内部几十年来积累的复杂矛盾，也使得案件的正常解决变得异常艰难。

更令人费解的是，此案引起了泰国高层的高度关注。总理他信·西那瓦以怀疑警方可能受到利益诱惑、案件裁决存在不确定性为由，任命泰国女法医庞庭对汉通·图姆瓦塔纳的死亡原因进行重新鉴定。庞庭在审查案件后推翻了警察局的原有结论，认为汉通·图姆瓦塔纳死于谋杀，而凶手或是报案人——他的弟弟诺普多·图姆瓦塔纳。

诺普多·图姆瓦塔纳的家人对庞庭的鉴定结果表示不服，甚至质疑其鉴定可能带有某种政治目的。于是，他们将案件提交至美国，并聘请了芝加哥法医萨维特进行重新鉴定。萨维特经过对案件资料和现场照片的细致分析，同时对前两次鉴定进行了研究，认为庞庭的鉴定证据不足，从而推翻了她的结论，并以充分的依据支持了泰国警察局最初的裁定，宣布汉通·图姆瓦塔纳的死亡原因为自杀。

正当所有人（特别是诺普多·图姆瓦塔纳的家人）认为

案件终于尘埃落定时，意想不到的是，他信·西那瓦总理和庞庭法医于 2003 年 7 月再次邀请了一位苏格兰法医利纳克雷前往泰国进行第四次鉴定。

鉴定结果再次出现惊人反转：是谋杀！

随着这一结果的公布，负责鉴定的法医利纳克雷也开启了一段离奇的经历。

2003 年 11 月 16 日星期日，格林威治标准时间凌晨 12：00，《星期日泰晤士报》刊登了记者肯尼·法夸尔森的文章。文章称，据这位叫利纳克雷的苏格兰法医科学家自己陈述，他的这一次鉴定过程和结果堪称奇遇，也可以叫作"法医泰国历险记"。

文章称，利纳克雷法医因为调查一位泰国百万富翁的神秘死亡，被拖入泰国政治的阴暗世界。

这位苏格兰法医科学家说，有理由证实自己是受泰国总理和庞庭法医的邀请，在 2003 年 7 月抵达泰国，以揭示一名泰国百万富翁政治家的可疑死亡。

"他的泰国冒险始于一堆可怕的照片……"文章称，利纳克雷法医曾多次在国外任教，向他的崇拜者和学生传授《沉默的证人》或《犯罪现场调查》等电视剧中观众所熟悉的技能。

他的演讲风格和教授课程的方法独树一帜。

2003 年 7 月，利纳克雷法医受邀在曼谷新成立的"法医科学研究所"开设了一门关于"血迹形状分析"的课程，他的冒险故事正是在那里展开的。

"那一天看似普通，事情的发展也与他以往经历过的类似场合无异，一切似乎都在按部就班地进行。"利纳克雷法医回忆道。当天，他的课程邀请人请他去会见研究所的主任以及主任的一位朋友。这位朋友是一位女性，她向利纳克雷法医展示了一百多张照片，这些照片记录了 1999 年 9 月 6 日发生的一起案件。原来，这位女性是汉通·图姆瓦塔纳的妹妹纳鲁莫尔（Naruemol Mangkornpanich），而那些照片正是汉通·图姆瓦塔纳案发现场及其尸体的照片。

"她显得非常悲伤，甚至可以说是绝望。"利纳克雷法医说。纳鲁莫尔将哥哥的尸体冰冻了近四年之久，她唯一的愿望是希望哥哥能在佛的指引下安息，但却无法获得皇室的批准进行火化，这让她作为妹妹感到无比悲哀。

利纳克雷法医在他们面前仔细查看了那些照片。照片中，汉通·图姆瓦塔纳被发现躺在一间豪华别墅的椅子上，右太阳穴有致命的枪伤，手中握着一支点 38 口径的左轮手枪。利纳克雷法医坦言自己可能帮不上什么忙。他心中想着："这位可怜的妹妹已经为她的兄弟尽了最大的努力，我担心自己可能帮不上什么忙，这看起来像是一起自杀事件。"

"你们还有其他问题吗？"利纳克雷法医礼貌地问道。实际上，他提出这个问题是打算结束这次会面。

"警方和美国底特律专家们认为汉通·图姆瓦塔纳是自杀。"主任和纳鲁莫尔回答，同时他们暗示：如果利纳克雷法医愿意，泰国总理和庞庭法医将会邀请他对案件再进行一次鉴定。

"我认为后面的内容才是他们更希望表达的。"利纳克雷法医说。

利纳克雷法医再次迅速地审视那些血淋淋的照片。"死者的右太阳穴中了一枪，这是铅弹所致，它会留下入口伤口，但不会产生出口伤口。"他心中不禁生疑："这真的如警方所断定的那样，只是一起简单的自杀案件吗？还是背后另有隐情？"利纳克雷法医最初的结论开始产生动摇。尽管后来英国驻曼谷大使馆认为："利纳克雷对汉通·图姆瓦塔纳案件的关注，足以让某些位高权重的人想要除掉他。"但当时的利纳克雷对案件背后的复杂情况还一无所知。

于是，在曼谷法医科学研究所的教学工作结束后，利纳克雷法医将这些照片带回苏格兰，并花费了相当长的时间仔细研究这些照片和资料。正是在这段时间里，一个截然不同的画面逐渐在他脑海中浮现：

汉通·图姆瓦塔纳死亡的现场照片显示：他身穿灰色衣服，身体向后倾斜，仰倒在沙发圈椅上。他的左手搭在圈椅的扶手上，胳膊肘已伸出圈椅外。倒在椅子上的汉通·图姆瓦塔纳的后脑勺越过了沙发圈椅的后靠背，右手握着一把枪搭在左腿上，枪口向下。那么问题来了：如果汉通·图姆瓦塔纳是用右手开枪击中自己的右太阳穴，他的右手又怎么可能从右太阳穴"落"到左边上，形成现在这样的"姿势"呢？是有人故意将那只手移动到那里的吗？此外，从血迹的分布可以明显看出，他在中枪时身体是前倾的。那么为何被发现时身体却是向后倾斜的呢？在他手中发现的那把枪真的是夺走他生命的武器吗？是否有其他异常情况？从死者衣服左侧发现的大面积血迹来看，不太可能来自他右太阳穴的入口伤口。而其他血迹则出现在一段距离之外的桌子上，但奇怪的是，持枪的手上几乎没有血迹。这与他以往进行血迹研究所遵循的原理完全相悖。

利纳克雷法医的专业领域涵盖血迹分析、枪支残留物检测、飞溅图案研究以及人体生理学。在一系列问题的浮现中，他找到了推翻原案情的依据。在整整五天的时间里，他将自己封闭在实验室中，反复进行实验，不断推翻并重新开始……五天后，一份关于汉通·图姆瓦塔纳死亡原因的基本报告被送往泰国。

报告中指出：本案看似是自杀案，但通过分析汉通·图姆瓦塔纳案的照片等资料，其中仍存在诸多矛盾之处。"通过对血迹飞溅图案、枪支残留物以及人体生理学的研究，我们认为死者汉通·图姆瓦塔纳自杀的可能性远低于其他可能性。"利纳克雷法医这份措辞"委婉"的报告，实际上已确认汉通·图姆瓦塔纳的死因是他杀。

这位 41 岁的苏格兰法医，同时也是斯特拉斯克莱德大学（University of Strathclyde）的高级讲师，他对于汉通·图姆瓦塔纳"他杀"的鉴定报告一经发布，立刻在泰国引发了全国性的轰动。首先，这份报告促使泰国总理他信·西那瓦立即下令调查"制度化"的警察腐败，以及政府高级官员与泰国军队中"阴谋人物"之间的勾结；其次，它直接导致汉通·图姆瓦塔纳的弟弟诺普多·图姆瓦塔纳因被指控谋杀汉通而遭到逮捕。检察官还将依据这份报告以一级谋杀罪起诉他。

"利纳克雷法医或许并未意识到这一切的重要性，以及它将会引发的后果。"记者如此写道。不久，利纳克雷法医收到了一封来自英国驻泰国大使馆的电子邮件，其措辞耐人寻味："干得好！这一切都很好……但你知道你做了什么吗？你可能还没有意识到……或许你应该意识到……"

有报道称，利纳克雷法医关于汉通·图姆瓦塔纳"他杀"的死因鉴定报告，仅仅是引发泰国一场政治风暴的开始。如果他能够更深入地了解百万富翁议员汉通的泰国华裔大家庭，以及他们以往发生的种种谋杀案，他或许本可以避免与这起案件产生任何关联。

凯迪·赛德齐克详细介绍了案件的情况。他表示，诺普多·图姆瓦塔纳是他的朋友，诺普多的家人请求他协助进行鉴定，以洗清诺普多的冤屈。鉴于他对诺普多的了解，凯迪确信诺普多是被冤枉的，因此无论从情感还是道义上，他都无法拒绝这个请求。

"但是，李博士，我考虑了很久，以我的能力，面对如此复杂的情况，可能无法帮助他。"凯迪·赛德齐克继续说道，"这不仅仅是因为压力，更主要的是，泰国当前的政治局势以及图姆瓦塔纳家族的背景都极为复杂，我实在无法承担如此重大的责任，当然还有政治方面的压力。"

最后，凯迪·赛德齐克曾在美国博士鉴定中心工作了十多年，因此他恳请李昌钰博士看在两人多年共事的份上，伸出援手帮助他。

"博士，请相信我，诺普多·图姆瓦塔纳确实是冤枉的。"

凯迪·赛德齐克恳切地对李昌钰博士说。

"除了报纸，你一定还带来了不少资料吧？"

李昌钰博士轻轻合上报纸，向凯迪·赛德齐克微微点头问道。

凯迪·赛德齐克没有多言，只是默默拿出一个装满文件的资料包。包很沉，里面除了几大本厚厚的文件夹，还有100多张照片。

毫无疑问，这些正是汉通·图姆瓦塔纳的死亡现场照片，它们曾被苏格兰法医、斯特拉斯克莱德大学高级讲师利纳克雷看过，并据此做出了"他杀"的鉴定结果。

在万米高空飞行的李昌钰博士正躺在座椅上，闭着眼睛，微微皱起了眉头。他想起凯迪·赛德齐克第一次在办公室拿出照片并邀请他参与汉通死亡鉴定时，自己婉言谢绝的情景。

当时，他一边仔细审视照片，一边夸赞道："您的资料准备得相当充分。"这是他惯用的语言艺术——在拒绝之前先肯定对方的努力。

"没错，李博士，除了处理照片，我还把能搜集到的所有案件相关资料都整理好了。"凯迪·赛德齐克回应道。他考虑到李博士工作繁忙，与自己见面的时间有限，而且李博士办案一向注重证据，因此他认为将完整的案件资料整理好是最重要的工作。

"感谢您的信任和邀请。不过您也知道，我一直都忙得不可开交。但我答应你，会抽时间看一下，并给您一些建议。"李昌钰对凯迪·赛德齐克说道。事实上，他还有一件事没有告诉对方：一年多前，在一次国际会议上，泰国女法医庞庭也曾邀请他去泰国参与汉通案件的死亡鉴定。但由于他的意见与庞庭法医相左，所以他没有接受邀请。

或许就是在那之后，女法医转而邀请了苏格兰的法医利纳克雷。

凯迪·赛德齐克感激地望着博士，心情稍稍放松了一些。他的目光在资料袋上停留了片刻，又抬头看着李博士，带着一丝歉意说道："太麻烦您了，这么多资料肯定会耽误您很多时间，估计您今晚又得熬夜了。"

毕竟，凯迪·赛德齐克在实验中心工作多年，深知有案件时李博士是不会休息的。

"有没有关于家族背景或其他方面的资料，比如……"

"有一些，但不太多，我都放在资料袋里了。"凯迪·赛德齐克没等李昌钰博士说完就接过了话头。这一次，他的语速恢复了正常："博士，关于家族和其他方面的资料实在太多，而且涉及许多历史和政治事件，非常复杂。"说到这里，他顿了顿，似乎在考虑是否继续，但很快又接着说："考虑到您工作繁忙，我在资料中做了一些必要的注释，尤其是他们兄弟俩的关系。"

这种默契，只有在一起工作过的人才能形成。

"当然，这些资料目前看来可能有些简略。我希望征求您的意见，如果您认为有必要，我回去后会进一步了解并整理后发送给您。我深知博士您在处理案件时从不带任何政治立场。即使您了解了一些情况，也未必会影响您对案件的判断。"凯迪·赛德齐克的话语中暗含深意。

"确实，我虽然能保持客观，但并非不想了解更多信息。我们并非当事人，对于一些应该了解的情况，还是有必要去了解的。"

李昌钰博士从凯迪·赛德齐克的言辞中，敏锐地察觉到对方可能怀有一些难以言明的顾虑。担心这案件不仅涉及家族内部纠纷，还牵扯到家族与帮派的关系，甚至涉及执政党和反对党之间的矛盾。想到这里，李昌钰补充道："的确，我们从事鉴定工作，最忌讳的就是先入为主。让事实说话，有一份证据说一分话。但就目前的情况来看，这个案件确实相当复杂，这也关乎到您的自身安全。您考虑得非常周全，我们虽然是技术人员，但也是有家庭、有子女的普通人，并非没有感情和牵挂。然而，在如此错综复杂的案件中，保持公正的立场是我们毕生追求的目标。"

正是李昌钰博士的这番话点明了凯迪·赛德齐克的隐忧，凯迪·赛德齐克深深看了一眼李昌钰博士，并对他的理解表示感谢。

实际上，在介绍图姆瓦塔纳家族的情况时，凯迪·赛德齐克的内心是矛盾的。一方面，诺普多·图姆瓦塔纳是他的朋友；另一方面，图姆瓦塔纳家族在泰国政商两界都极具影响力，同时也充满了传奇的悲剧色彩，但博士一直要求在鉴定工作中不能带有任何政治或感情色彩。他不希望博士事先了解太多关于这两个方面的情况。此外，还有一个原因是，社会上关于图姆瓦塔纳家族的情况很多都是道听途说、以讹传讹的结果。尤其是一些小报，常年靠渲染、炒作甚至编造该家族的花边新闻来生存。这些内容作为闲聊的谈资尚可，但作为案件资料提供给李博士参考，则需要慎之又慎。因此，在介绍图姆瓦塔纳家族情况时，他进行了有保留的取舍。

凯迪·赛德齐克在美国工作多年，如今已退休回到自己

汉通死亡现场照片 1

汉通死亡现场照片 2

近距离现场照片

左轮手枪、餐桌
上的子弹

Case Information

- Hangthong Tumwattara died as result of single gun shot wound to his head.
- Autopsy by Lt. Col Pornchai Suthisakoon
- Autopsy by Dr. Porntip Rojanasunan
- Review by Dr. Sawait Kanluen
- Review by Dr. Adrian Linacre
- Reports translated by Kiti Sethachtgul
- Photographs of autopsy
- Photographs of Death Scene
- Autopsy Committee Report by Dr. Sawait

芝加哥法医萨维
特复检鉴定报告

的家乡泰国。若非出于对案件的深入了解以及对朋友的深厚感情，他绝不会不远千里寻求帮助。此外，凯迪·赛德齐克心中还有一个未曾言明的顾虑：他不知道庞庭法医是否也联系过李昌钰博士。既然自己作为李博士曾经的下属都能想到这一点，而她作为代表总理和政府的人物（至少在这个案件上），没有理由会想不到去联系李昌钰博士。更何况，她也曾在美国接受过专业培训。

尽管存在上述种种顾虑，但凯迪·赛德齐克深知诺普多·图姆瓦塔纳的案件已经进入白热化阶段。若想彻底解决问题并挽救诺普多的生命，唯有请李昌钰博士出山。

机舱内，李昌钰博士仿佛感受到了飞行的高度。他微微侧了侧身体，但双眼依然紧闭，因为他的脑海中正在"重现"资料中的一张张血腥照片……他正通过照片"重建"汉通·图姆瓦塔纳的死亡现场。画面在脑海中不停翻转、变换排列，他因未曾亲临现场而出现了断点和空白。

见过凯迪·赛德齐克那天，李昌钰博士回到家时已是半夜。尽管疲惫不堪，他还是放下公文包，打开了那包沉甸甸的资料，仔细地检查照片。

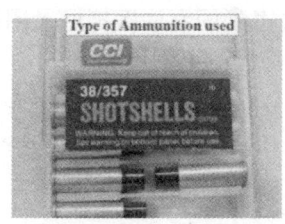

点 38 口径子弹

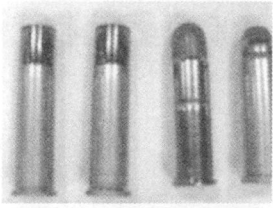

点 38 口 径 散
弹子弹

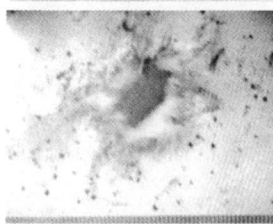

汉通尸体上的
小颗粒 1

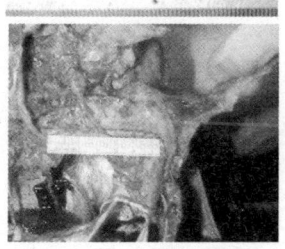

汉通尸体上的
小颗粒 2

　　他昔日的工作人员凯迪·赛德齐克，以极高的专业水准，

对案件进行了极为详尽的调查和必要的说明。

　　1999 年，第一次尸检由警察局法医执行，鉴定结果为

自杀。

2001 年，第二次尸检由泰国女法医庞庭及团队执行，鉴定结果为他杀。

2002 年第三次尸检由芝加哥法医萨维特·坎滦博士执行，鉴定结果为自杀。

2003 年，第四次尸检由苏格兰法医利纳克雷博士执行，鉴定结果为他杀。

四家鉴定机构得出了两种截然不同的结论，而双方邀请的均为国际知名法医团队。案件鉴定结果的反复无常，令经验丰富的李昌钰博士也不禁暗自摇头，心中感叹：这个案子实在是太复杂了！

李昌钰博士与其他仅在实验室进行检测的鉴定专家不同，他不仅拥有丰富的从警经历和实验室研究经验，还亲临过数千个犯罪现场。

那么，是否应从武器入手展开调查呢？

李昌钰博士的脑海中仿佛有一个"指挥官"，它将海量的资料转化为一个个鲜活的"小人"。"指挥官"首先让那把夺走汉通·图姆瓦塔纳生命的武器"开口"：这是一把点 38 口径左轮手枪，使用的子弹是霰弹。霰弹与普通子弹的区别在于它由细小颗粒组成。通常情况下，它的杀伤力有限，但在近距离内却具有极大的能量，足以致命。

这是否是谋杀不成立的原因之一呢？如果有人蓄意谋杀汉通·图姆瓦塔纳，是否会选择使用杀伤力更强的子弹，而非霰弹呢？

多年的现场鉴定工作，赋予了李昌钰博士卓越的空间思维能力。在反复、仔细地审视一张张照片时，他仿佛置身于汉通·图姆瓦塔纳的死亡现场，从各个角度捕捉着"蛛丝马迹"。

李昌钰博士的大脑飞速运转着，那个指挥的声音再次响起，让所有的证据依序排列：

1999 年 9 月 6 日晚，汉通·图姆瓦塔纳回到位于泰国曼谷北部邦肯的家中。这座拥有 12 间卧室的豪宅，是他与弟弟诺普多·图姆瓦塔纳、妹妹莫丽卡共同居住的地方。汉通·图姆瓦塔纳出生于 1949 年 11 月 20 日，是泰国最富有的家族之一——图姆瓦塔纳家族的次子。作为家族成员，他不仅是望族的后代，还是泰国众议院议员及反对党泰国公民党（the Thai Citizens' Party）的领袖。大哥在 1991 年去世后，汉通本应接管家族事务。然而，或许是家族的需要，抑或是个人的志向，他选择了一条与家族传统及兄弟姐妹们截然不同的道路——从政，并且取得了巨大的成功。1995 年，他当选为曼谷地区的众议院议员，代表泰国公民党参政。自此，家族管理的重任便交到了排行第四的弟弟诺普多·图姆瓦塔纳手中。诺普多不负众望，在十年间将家族财富扩大了数倍。然而十年后，诺普多将家族管理的权力移交给了弟弟帕林亚（Parinya）、妹妹纳鲁莫尔（Nareumol）、妹妹考恩尼特和妹妹莫丽卡。

尽管汉通·图姆瓦塔纳的兄弟姐妹众多，但他与诺普多·图姆瓦塔纳的关系尤为亲密。由于两人年龄相近，从小一起长大，感情深厚。加之他们都曾在美国完成学业后回到泰国，而诺普多又拥有十年管理家族企业的经验，因此，每当遇到重大问题时，汉通总会习惯性地向弟弟诺普多寻求建议。

汉通·图姆瓦塔纳因其特殊的社会地位和在家族中的重要角色，平时事务繁忙，但他一向以沉着冷静著称。然而这一天，家里人明显察觉到了他的情绪极度不安。原因是汉通即将参加一场重要的选举，而他的个人资产已被花销高昂的政治活动消耗殆尽。就在前一天，汉通与掌管家族事务的弟弟帕林亚·图姆瓦塔纳、姐姐纳鲁莫尔以及法律顾问就家族生意和资产问题召开了一次会议。会上，弟弟和妹妹都指责汉通，认为他因从政而挪用了家族中不属于他个人的资产。

汉通·图姆瓦塔纳当时感到非常委屈，但他明白，既然弟弟和妹妹安排了法律顾问来讨论他的问题，他们必定是有备而来。如果继续与他们争论，恐怕难以取得成效。然而，他并不愿意轻易放弃参加大选的机会。经过一天一夜的深思熟虑，他最终决定前往弟弟诺普多·图姆瓦塔纳的房间，希望诺普多能够从中调解，让家族继续支持他的从政之路。汉通·图姆瓦塔纳始终认为，从政不仅是为了个人，也是为了整个家族的利益，理应得到全家族的支持。

"停！"李昌钰博士在脑海中暂停了对案件背景的回顾，诸多证据片段瞬间静止不动。

"让弟弟诺普多·图姆瓦塔纳发言。"李昌钰博士在脑海中再次进行场景回溯。

"他看起来非常紧张，甚至吃东西时手都在颤抖。"弟弟诺普多·图姆瓦塔纳说道，"或许，我是最后一个见到哥哥还活着的人。"

"继续，谈谈你的处境以及你在家族中的地位。"李昌钰博士假想自己在对诺普多进行面对面地提问。

"母亲去世后，由于大哥早逝，萨马克·桑达拉维——一位在政治上极具影响力的人物——成为了母亲的遗嘱执行人。"诺普多·图姆瓦塔纳继续说道，"我负责经营整个市场，而汉通·图姆瓦塔纳则拥有对家族资产的形式管理权，但他将大部分权力委托给了萨马克·桑达拉维。"

"请回答，为什么会将经营整个市场的权力交给你？你是如何经营家族企业的？在此期间，你与遗嘱执行人以及哥哥是否发生过矛盾？后来又为何放弃了经营整个市场的权力？"

"因为我毕业于美国商学院，所学的知识正好可以用于管理家族企业，这也是母亲的安排。"诺普多·图姆瓦塔纳回答道，"在20世纪90年代，我通过扩大市场中能够产生收益的区域面积，持续提高了总营收。这期间，我与遗嘱执行人萨马克·桑达拉维以及汉通·图姆瓦塔纳发生了争执。萨马克·桑达拉维利用家族资产支付汉通·图姆瓦塔纳的选举费用，并向政党领袖提供大额贷款，我认为这种行为损害了家族利益。同时，我们还发现，萨马克·桑达拉维本人也是贷款受益人之一。此外，家族中的其他成员都对萨马克·桑达拉维在管理家族资产方面的漫不经心感到愤怒。到了 1999 年，也就是母亲去世 10 年后，72 个地块的地契仅成功转移了 27 个。至于我为何交出了管理家族的权力，主要是因为家族成员之间的关系支离破碎，我对不断升级的家族纷争和内斗感到失望。"

"在你哥哥找你之前，你弟弟是否已经找过你？"

"实际上，昨晚掌管家族经营权的帕林亚弟弟已经联系过我。"诺普多·图姆瓦塔纳回答道，"帕林亚提到，由于政局的不稳定，生意变得越来越难做。他觉得有必要对家族（因为哥哥从政）的一些重大开支提出自己的看法。"在诺普多看来，这是家族赋予他的责任与权力。他认为，对于一个拥有如此庞大经济体系的家族来说，成员中有一位政要确实能保障家族的部分利益，但倘若维持这位政要的政治地位，或是助其更进一步的成本超过了其地位带来的利益，那么对其政治地位的"维护"是否仍有必要继续"投资"，就值得商榷了。然而，妹妹莫丽卡却始终无条件地支持二哥。可以说，他们三人的关系一直处于一种微妙而复杂的博弈之中。帕林亚弟弟希望我能说服哥哥汉通·图姆瓦塔纳，因为他知道，一旦他们发生争执，汉通·图姆瓦塔纳一定会来找我，因为每次汉通·图姆瓦塔纳寻求更多财政支持时，首先需要争取我的同意。有时候，我甚至会拿出自己的钱来支持他。"

"为什么会这样？"李昌钰博士追问道。

"我和二哥汉通·图姆瓦塔纳的关系与家族中其他兄弟姐妹的关系不同，我们的感情非常深厚。我深知哥哥在政坛的道路走得十分艰难，这本质上就是一场权力与金钱的博弈。我们这样一个庞大的家族，确实需要在政府中有自己的代言人。尽管在管理家族事务时，我和他有过争执，但最终我还是满足了哥哥的要求。但这次，我更希望哥哥经过一段时间的休整后，能够重新考虑弟弟帕林亚的建议，或者他们能在晚些时候商量出一个两全其美的解决方案。毕竟，任何上层建筑都是建立在经济基础之上的。如果家族企业垮了，他这个政要还能坚持多久？当然，如果哥哥的仕途遭遇挫折，对家族来说也绝非好事。"

"那天晚上你和哥哥有交流吗？"李昌钰博士继续追问。

"那天晚上，哥哥几乎没有说话，他看起来压力很大，而且也很饿。我为他准备了一些橙子和零食。"诺普多·图姆瓦塔纳回忆道，"他问我还有没有其他吃的，于是我走进另一个房间，做了一些燕麦奶准备给哥哥吃。哥哥每次来都喜欢吃我亲手做的东西。自从放弃企业管理大权后，我喜欢研究饮食，哥哥也喜欢吃我做的燕麦奶。我希望他吃了我做的东西后心情能好一些，这样我们就能聊得更深入一些。然而，就在这时，我突然听到了一声类似鞭炮爆炸的声音。当我打开门时，我震惊地发现，汉通·图姆瓦塔纳，我的二哥，倒在椅子上，鲜血流满了地板。我跑去叫醒了所有人，我不知道他有枪……"

不知是机舱的轰鸣声，还是空中小姐在座位前短暂停留的脚步声打断了他的思绪，总之，李昌钰博士的意识从案件发生前的回溯中抽离了出来。

然而，他的思绪很快又回到了案件上，只是这一次，场景已不再是死亡现场，而是汉通死后的情景——另一个看不见硝烟的战场。

诺普多·图姆瓦塔纳报案，警员和刑侦人员迅速赶到现场，映入眼帘的是汉通·图姆瓦塔纳倒在豪宅客厅的沙发圈椅上，头部中弹，右手中握着一把点38口径的左轮手枪。调查人员迅速判定他的死因为自杀。

而案件几次截然不同的鉴定结果，显然与幕后的政治因素有着千丝万缕的联系。

起初，许多人感到困惑不解。通常情况下，一国总理不会直接公开干涉一桩家族案件，泰国总理也无权干预司法程序，但诺普多·图姆瓦塔纳却被逮捕，甚至可能面临死刑，这一案件中可能存在共谋者，结论已然浮现。

当时，他信总理之所以如此异常地关注汉通·图姆瓦塔纳的死亡，主要是因为汉通·图姆瓦塔纳不仅是国会议员，更是反对党泰国公民党领袖。如果他的死被认定为正常死亡，充其量只是削弱了反对党当前的力量；但如果是兄弟相残，则势必激化家族内部矛盾。反复的鉴定和长时间的拖延，使得案件在短期内无法了结。只要有人善于利用矛盾制造混乱，这个家族的经营活动必将受到影响，泰国公民党的资金来源也会受到冲击。这虽不能将泰国公民党彻底铲除，但势必造成重创。

"识破时局惊破胆，看透人情冷透心。"

李昌钰博士的意识从案件中突然抽离，想起了父亲的忠告。这两句话似乎也预示着案件的后果与结局。

这两句话是他的父亲，一位拥有 13 个子女的中国实业家留给后代的忠告。而他的母亲，是一位享年 106 岁备受尊敬的睿智老妇人，她一再告诫自己的孩子们：你们每个人都应专心研习一门学问，切勿涉足政界或商界。

机舱内的李昌钰博士微微摇了摇头。

"别再分心，回到案件上来。"他打开了一个文件夹，将李昌钰博士的思绪引向了此次飞行的目的地——泰国曼谷。

李昌钰博士曾多次前往泰国，这是个以政局不稳著称的国家。每次他参与案件调查时，都必须在警察的保护下进行。即便如此，警方也规定他们傍晚六点后不得单独行动，甚至白天也最好在警察的陪同下前往案发现场或其他地点。

他意识到大脑中浮现父亲忠告的另一层含义：这次如此错综复杂的案件，他前往泰国是否妥当？那个声名显赫的家族，如今的境况又如何？

不知为何，他的思绪转向了此时记者对这个案件预设的方向。但此时，他已身处高空中，即将抵达目的地。

图姆瓦塔纳家族
一个被谋杀阴影笼罩着的家族

随后，凯迪·赛德齐克返回泰国。尽管李昌钰博士尚未正式承诺参与案件的调查鉴定工作，但他认为"帮忙查看照片并提供一些建议"已经是一个良好的开端。他坚信李昌钰博士不会袖手旁观。于是，他首先将这一消息告知了诺普多·图姆瓦塔纳。对于深陷困境、走投无路的诺普多·图姆瓦塔纳而言，享誉全球的刑侦鉴识专家李昌钰博士同意审阅案件资料，无疑是一个极为难得的好消息。随后，凯迪·赛德齐克开始对图姆瓦塔纳家族的历史展开深入了解。事实上，作为诺普多·图姆瓦塔纳多年的朋友，他对图姆瓦塔纳家族的情况本已相当了解。然而，由于此案牵涉甚广，需要将所有信息汇报给李昌钰博士，凯迪·赛德齐克不得不以前所未有的谨慎态度，去处理这件本不属于自己专业范畴的事务。

（一）图姆瓦塔纳家族的掌权人——苏瓦皮女士

凯迪·赛德齐克认为，图姆瓦塔纳家族商业帝国的形成，与家族中一位伟大且坚韧不拔的母亲——苏瓦皮·图姆瓦塔纳——有着密不可分的关系。

苏瓦皮·图姆瓦塔纳虽出生于泰国，但实际上是华裔。作为家族巨大财富的创始人之一，她不仅具备那个年代泰国女性普遍具有的勤俭美德，更拥有非凡的远见卓识。

在苏瓦皮女士的经营下，根据泰国 1999 年《民族报》图姆瓦塔纳家族在泰国的总资产估计约为 2.8 亿美元（据当时的汇率计算，约为 10 亿泰铢）。

20 世纪 50 年代初，苏瓦皮·图姆瓦塔纳在曼谷经营着一家小型粮站和餐馆，为附近的军事基地供应粮食。凭借与军队的关系，1955 年，她关闭了餐馆，转而在曼谷的萨潘马（Saphan Mai）地区经营生鲜食品，并将自己的生鲜小站命名为"凯涛市场（Khi Tao Market）[1]"。这一市场逐渐扩张，吸

---

[1] 一说苏瓦皮在 1955 年经营的市场名为 Yingcharoen，即英乍仑市场。

引了越来越多的小本经营商人聚集在凯涛市场，他们按日或按月支付摊位租赁费用。很快，凯涛市场发展成年交易额数百万美元的集市。随着市场知名度的不断提升，它甚至成为当地政客拉票的重要场所。

然而，死亡的阴影也开始笼罩这个财富日益增长的家族。

随后，这个家族仿佛被诅咒了一般。1979 年这位女家长成了家族凶杀的早期受害者中的一员。但她从刺杀中逃过一劫，直到 1990 年因肺癌去世。此后，各种蓄意伤害在她的家族中不断延续。2000 年前后，枪击、绑架、自杀以及绵延数十年的官司将这个家族撕扯得四分五裂。

起初，苏瓦皮·图姆瓦塔纳与她的第二任丈夫阿尔科姆·查查亚南（Arkom Chatchaianand）共同经营凯涛市场。1966 年 7 月，在光天化日之下，一群手持军用 M16 卡宾枪的枪手闯入阿尔科姆·查查亚南位于廊曼机场附近的市场办公室，阿尔科姆·查查亚南被枪杀于他的情妇身旁。警方将此案定性为由集市管理纠纷引发的家族矛盾，进而导致的谋杀案件。

阿尔科姆·查查亚南和苏瓦皮·图姆瓦塔纳共育有十个孩子，其中八个是苏瓦皮·图姆瓦塔纳亲生的子女，大儿子则是阿尔科姆·查查亚南与第一位妻子所生。此外，他们还收养了一个女儿。在 20 世纪 50 年代的泰国，尽管法律上实行一夫一妻制，但由于传统习俗的影响，特别是在富裕家族中，一夫多妻的现象依然普遍存在。尽管只有一位妻子的地位得到法律认可，但每位情妇所生的孩子都可以继承父亲的姓氏。图姆瓦塔纳家族也不例外，而阿尔科姆·查查亚南实际上同时与三位女性共同生活。

苏瓦皮·图姆瓦塔纳是阿尔科姆·查查亚南的第二位妻子。她清楚，除了自己和其他两位女性外，丈夫还有其他情人。

（二）家族纠纷伊始

1966 年后苏瓦皮·图姆瓦塔纳曾独自肩负起凯涛市场及其他市场的运营管理重任。在接下来的 13 年里，市场在她的精心经营下蓬勃发展。然而，1979 年，她的一个错误用人决定，不仅亲手毁掉了自己苦心经营的家族企业，还险些让自己丢掉性命。自此，她的家族再未有过安宁。而这个被错误聘用的人，正是她丈夫阿尔科姆·查查亚南的弟弟巴沃恩（Bavorn Thammawattana）。

究竟是什么原因促使苏瓦皮·图姆瓦塔纳做出这样的决定？是因为她认为自己年事已高，而孩子们尚且年幼？还是因为市场日益壮大，她感到力不从心？又或是巴沃恩本人的强烈要求？个中缘由不得而知。但无论如何，苏瓦皮·图姆瓦塔纳很快就为这个决定感到后悔。仗着自己是阿尔科姆·查查亚南的弟弟，巴沃恩有恃无恐，不仅对苏瓦皮·图姆瓦塔纳毫不尊重，而且工作表现极不称职。不久后，苏瓦皮·图姆瓦塔纳便解雇了巴沃恩。

然而，令人意想不到的是，巴沃恩对此怀恨在心。他认为自己是阿尔科姆·查查亚南的弟弟，哥哥去世后，财产理应归他所有。而苏瓦皮·图姆瓦塔纳解雇他，简直是胆大妄为。更令苏瓦皮·图姆瓦塔纳始料未及的是，就在她解雇巴沃恩几周后，她就遭遇了枪击，子弹击中她的后背，导致她瘫痪。尽管种种迹象都将嫌疑人身份指向巴沃恩，但由于缺乏足够的证据，依然无法将他绳之以法。而苏瓦皮·图姆瓦塔纳如果无法康复，将不得不在轮椅上度过余生。

为了能够重新站起来，也为了不让多年苦心经营的企业就此倒下，苏瓦皮·图姆瓦塔纳不得不选择前往美国寻求更好的治疗。在离开泰国前，她将家族生意交由大女儿库苏马（Kusuma）掌管。然而，这个决定却让逍遥法外的巴沃恩更加怒不可遏。上一次他未能杀死苏瓦皮·图姆瓦塔纳，仅使她重伤，他竭力掩盖自己的罪行，以为至少可以重获凯涛市场的掌控大权。但没想到，苏瓦皮·图姆瓦塔纳任命了她的女儿，仍然将他排除在外。心怀鬼胎的巴沃恩明白，总有一天他会暴露。以苏瓦皮·图姆瓦塔纳顽强的个性，一旦她从美国回来并找到证据，必定会向他追责。与其坐以待毙，不如先发制人。于是，丧心病狂的巴沃恩找到两名枪手，再次密谋策划犯罪，向正在收取市场租金的库苏马开枪。年轻的库苏马没有母亲那么幸运，当场中弹身亡。这一次，巴沃恩也不再那么幸运，他与两名共犯一同被逮捕，因枪击杀人罪被判处死刑。但奇怪的是，尽管两名共犯被执行了死刑，但不久之后，巴沃恩却被泰国最高法庭释放了。

（三）继承陷阱遗患无穷

当苏瓦皮·图姆瓦塔纳得知女儿库苏马去世的噩耗时，她悲痛欲绝。这位坚韧的母亲随后回到了泰国。回国后，她痛定思痛，吸取了过去的教训，坚决不让任何外人插手家族生意。她以更加强势的手段牢牢掌控了家族管理权，直到1990年因肺癌去世。

然而，智者千虑，必有一失。这位伟大而坚韧的母亲未曾系统学习过现代化的企业管理，尤其在家族企业的传承计划方面存在明显不足。苏瓦皮·图姆瓦塔纳去世后，家族成员才惊觉她并未明确指定继任者。

但是，苏瓦皮·图姆瓦塔纳生前立下了七份遗嘱，遗嘱中两份后来被证实是伪造的。此外，还有一份遗嘱表明苏瓦皮·图姆瓦塔纳与小女儿奈亚纳·苏瓦皮纳（Naiyana）脱离了母女关系。然而，苏瓦皮·图姆瓦塔纳的其他几位子女——奈亚纳·苏瓦皮纳的兄弟姐妹，最终决定让奈亚纳·苏瓦皮纳重新回到继承者行列。但令人震惊的是，仅仅两天后，奈亚纳·苏瓦皮纳被发现死于距离乡镇129公里的一辆汽车中，死状极其残忍：她的尸体戴着手铐，身上不仅有掐痕，还遭受了枪击。种种迹象表明，她在生前曾遭受了极其残忍的折磨。与她的大姐不同，谋杀奈亚纳·苏瓦皮纳的凶手未被抓获，这起案件至今仍是一个悬案。

祸不单行，仅仅一年后，苏瓦皮·图姆瓦塔纳的大儿子瑟德猜·图姆瓦塔纳（Therachai）突然被绑架。随后，涉嫌参与案件的两名警察的尸体被发现，其中一人死于枪击，另一人死于车祸。但瑟德猜·图姆瓦塔纳却像人间蒸发一样，没有了任何踪迹。所有人都心知肚明，根据苏瓦皮·图姆瓦塔纳家族以往的案件推断，瑟德猜·图姆瓦塔纳很可能已经遇害。

这一切究竟是巨额财产继承者之间的自相残杀，还是有人针对这个家族继承者策划的蓄意报复谋杀计划？至今无人知晓。

经历了种种变故，图姆瓦塔纳家族的成员们终于意识到团结的重要性。最终，所有人都遵从了苏瓦皮·图姆瓦塔纳遗嘱的要求，这也是她生前的一贯做法：将凯涛市场以及周边72块零星地皮全部划归苏瓦皮·图姆瓦塔纳公司名下，从而打造一个强大的商业帝国。

萨马克·桑达拉维是曼谷一位颇具政治影响力的人物，他被任命为苏瓦皮·图姆瓦塔纳遗嘱的执行人。在他的推动下，苏瓦皮的遗愿得以实现。她的第四个儿子诺普多·图姆瓦塔纳接管了整个市场的经营权，而毕业于得克萨斯大学奥斯汀分校土木工程专业，并获得亚洲理工学院结构工程硕士学位的第二子汉通·图姆瓦塔纳，虽然在名义上拥有家族资产的管理权，但他选择将大部分权力委托给萨马克·桑达拉维，自己则将更多精力投入到政治活动中。

与图姆瓦塔纳家族第一代不同，接手市场经营权的诺普多·图姆瓦塔纳拥有高学历，他运用所学知识推动整个家族走向了前所未有的繁荣。然而，正是在这一时期，他与遗嘱执行人萨马克·桑达拉维以及二哥汉通·图姆瓦塔纳之间开始出现分歧。

尽管诺普多·图姆瓦塔纳为家族经营付出了巨大努力，使家族财富成倍增长，但随着财富的增长，家族内部的纷争也不断升级，成员之间的关系因矛盾而变得支离破碎。作为家族中的第四子，诺普多·图姆瓦塔纳目睹了母亲那一辈创业的艰辛与痛苦，他的学识、眼界和智慧都提醒他，不能重蹈覆辙。于是，他选择了一个合适的时机，主动将市场的管理权移交给兄弟帕林亚、姐姐纳鲁莫尔和妹妹考恩尼特。

凯迪·赛德齐克和诺普多·图姆瓦塔纳从小就是好朋友。尽管成年后他们一个选择致力于刑侦鉴定，另一个则以商业管理作为志向，但这并不影响他们之间无话不谈的深厚友情。在诺普多·图姆瓦塔纳决定放弃家族管理的那段时间里，凯迪几乎陪伴他走过了整个低沉的时期。要知道，在那个年代，放弃如此庞大的家族企业经营管理权，等于放弃了对一个商业王国的掌控。凯迪虽然明白诺普多·图姆瓦塔纳对家族的失望至极，但仍对他的睿智选择表示理解和敬佩。毕竟谁愿意在自己付出 10 年心血之后，在家族产业发展的高峰期选择拱手相让呢?

　　除了自幼的深厚友谊,他们还有共同在美国接受教育的经历。在那段时光,诺普多·图姆瓦塔纳经常找凯迪喝酒聊天。他最常提起的一句话便是:"你一定知道华盛顿,他统一了一个国家,最终能与对手握手言和,给予对手极高的礼遇后引退。我又算得了什么呢? 你是我最好的朋友,在我经营家族企业的数年里,我总是想起我的母亲。她是如此伟大,如此坚韧。在那个特殊的年代,她建立了一个看似不可能的商业王国。她是如何承受一个又一个孩子遭受死亡磨难的? 我想,如果她还活着,也一定会支持我的选择。毕竟时代不一样了,母亲送我们兄弟去美国学习,她让我们看见了最先进的世界,让我们经历了最美好的生活,我不能让她失望。虽然我把管理权交出去了,但是我还是会为我们家族成员之间的和平共处继续出力的。也许我不在那个位置上,更能发挥我的作用。人处在权力的高峰,是很容易迷失方向的。如果图姆瓦塔纳家族自诞生以来有谁愿意自动放弃发号施令的权力,那么就从我开始吧。"

　　凯迪·赛德齐克至今仍清晰地记得,当时自己是怀着无比崇敬的心情注视着好友诺普多·图姆瓦塔纳的,这份崇敬也是他坚信诺普多绝不会杀害自己哥哥的原因之一；同样，这也是他不顾周遭的政治影响，毅然决定飞往美国寻求李昌钰博士帮助的原因之一。

的确，这个家族的事业本应迈入一个新阶段，然而1999年9月汉通·图姆瓦塔纳的意外死亡事件，却因掺杂了复杂的政治因素，为图姆瓦塔纳家族带来了新的危机。

凯迪·赛德齐克深知，尽管他的成长和学术生涯与诺普多及其图姆瓦塔纳家族的发展在时间上有重叠，但他们几乎处于两个完全不同的世界。尤其是在专业领域上，他所学到的专业知识与图姆瓦塔纳家族的需求可谓南辕北辙。他和诺普多专注于不同的领域，从事着不同的工作。仅凭他自己的认知，即便竭尽所能，也难以对图姆瓦塔纳家族的历史做出全面且客观的介绍和评价。因为他和大多数人一样，都是在事后才了解到这个家族所经历的一切的。而这个家族两代人一步步走来的历程，对于他们而言，每一步、每一段经历都是前所未有的，这些经历也带来了无法预测的全新体验。

对于外界对图姆瓦塔纳家族的种种议论，凯迪·赛德齐克认为，这个家族无疑是一个极端的案例。这个家族的经历揭示了一个道理：如果一个家族企业在发展方向上模糊不清，或者内部充斥着派系斗争和法律诉讼，那么势必会招致严重的经济和名誉损失。然而，其中既有历史原因和环境因素的影响，也有人为因素的作用，包括在不同法律制度下的决策，以及家族成员受教育程度的差异等。

对于那些事后对图姆瓦塔纳家族是非功过的评论，凯迪·赛德齐克认为，这些评论在很大程度上也受到了评论者自身局限性的影响。

正因以上原因，凯迪·赛德齐克反复修改这份关于图姆瓦塔家族的报告，甚至逐字逐句地推敲。然而，他依然无法确定是否有必要让李昌钰博士审阅。他并非担心这份报告会左右李昌钰博士对汉通·图姆瓦塔纳是自杀还是他杀的判断，而是担心这份报告会令李昌钰博士拒绝来到泰国。当前图姆瓦塔纳家族，尤其是诺普多·图姆瓦塔纳，最迫切的需求是李昌钰博士能够仔细研究那些照片和资料后，依然能决定前往泰国进行现场勘查。毕竟，若存在他杀可能，对方的势力对这个泰国巨富家族而言也太过强大。

此外，留给诺普多·图姆瓦塔纳的时间已经不多了。

四、重建现场：让证据说话

当空姐再次来到这位唯一乘客的座位前时，发现他已收拾妥当。在整个飞行过程中，空姐们多次经过他的位置，有时还会稍作停留。她们曾犹豫是否要叫醒这位似乎一直在"休息"的先生。然而，看着他似乎始终在熟睡，只是偶尔在座位上调整姿势，她们最终选择悄然离开。

当然，空姐们并不知道，李昌钰博士在飞机上几乎复盘了凯迪·赛德齐克带给他的汉通·图姆瓦塔纳案件的所有资料。由于他曾多次前往泰国，协助当地警方进行案件现场勘查和物证鉴定，因此他对泰国的司法制度及政治形势有一定了解。李昌钰博士不仅思考了案件本身的正常环节和逻辑，还考虑到了由于政治因素和家族矛盾导致的非正常环节。

飞机降落了，出了闸口的李昌钰看到了不敢置信的场面。

"我不敢相信，我看到大厅里挤满了人；记者、媒体、家属，当然还有大批的警察，他们看见我蜂拥而上，我的面前瞬间都是高高举着的照相机和录音机。他们都希望我能够告诉他们，我对汉通·图姆瓦塔纳死亡案件的发现。"

这是事后李昌钰博士多次对媒体、朋友，以及在演讲中提到的他于 2004 年 12 月 24 日到达泰国曼谷机场的情形。那天正好是平安夜，似乎大家对他和这起案件的兴趣远远超过了圣诞节。

李昌钰博士在泰国下飞机时
被记者围堵

当时李昌钰博士的答复很简单："我正在检查资料，现在我没有答案，在验尸、物证检验完毕之后。到那时候，我才能给你们一个答案。"

李昌钰博士到达泰国后，紧张地工作了三天。

李昌钰博士的工作日记记录了他因汉通·图姆瓦塔纳的死亡案件，在泰国曼谷连续工作三天的情况。

2004 年 12 月 24 日

今天是我到达泰国曼谷的第一天。

诺普多·图姆瓦塔纳的律师辩护团队与泰国一些大学的教授凯迪·赛德齐克与我进行了会谈。关于我提出的现场查勘和验尸申请，他们告知我已获得警方批准，并表示当天下午即可出发。然而，到了下午，律师接到通知，称警方的决定被否决了。至于被谁否决的，无人告知。总之，重新验尸已无可能。对此，我感到非常意外。

我向他们解释，我曾在多个国家处理过众多案件，并为许多世界著名案件出庭作证。尽管你们拥有大量照片和验尸报告，但照片是平面的，不同的拍摄角度会导致表达的意思和呈现的结果存在差异。而这个案件之前虽有几份验尸报告，但结果却不尽相同。如果不允许我前往案发现场查勘，不允许我重新亲自验尸，我如何能给出准确的鉴定结果呢？

律师及其辩护团队认同我的观点，并立即与泰国国家内政部取得联系。

2004 年 12 月 25 日

今天是我到达泰国曼谷的第二天。

看来联系泰国国家内政部这步棋果然奏效。今天一早，内政部传来消息，部长批准了验尸请求。我们立即着手准备验尸事宜，辩护团队显得非常振奋，我能感受到他们对我的充分信任。唯独凯迪·赛德齐克表现得与众不同。他似乎松了一口气，但依然流露出几分紧张与担忧。我特别理解他——他在美国与我共事多年，跟随我出入过许多案发现场，也曾与我一同前往停尸房进行验尸。在出发前，他甚至抽空对我说，他已退休多年，却时常怀念我们一起工作的时光，那是他一生中最值得珍藏的记忆。他深知，作为一名鉴识人员，需要的不仅仅是技术。这也是他敢于前往美国邀请我来泰国的原因之一。这个案件涉及政治因素和家族纷争，尤其是对方势力不容小觑。在见到我出现在泰国机场之前，他一直担心我不会来。

"我一直不敢掉以轻心。"凯迪·赛德齐克说道。我明白他的意思，也深知他的忐忑不安不无道理。我轻轻地拍了拍他的肩膀，既表达了我的理解，也是对他的安慰。

然而，正当我们准备出发时，又有消息传来：内政部长的决定被否决了，不允许进行验尸。这一次，消息明确指出：是他信总理亲自否决了内政部长的决定。律师和辩护团队的每个人都显得非常焦急，甚至有些愤怒。

尽管我早有心理准备，知道处理这个案件并不简单，但一个国家的总理亲自介入案件鉴定过程，并且否决了警察总署甚至内政部长的决定，实属罕见。然而，此刻的焦急和愤怒都无济于事，到了由我来鼓励他们保持足够信心的时候了。我对他们说："兵来将挡，水来土掩，这是我们中国人的方法。他们否决了我们前往法医中心检验尸体的请求，但我们去警察总署检查保存的物证总可以吧？况且据我的经验，既然同意我来了，而且媒体都有报道，现在可以说全泰国人民都在关注案件的新进展。于情于理，在拒绝了专家的第一个要求之后，就不可能再拒绝第二个要求，总理也要考虑社会影响。"

"我们可以把这个消息透露给媒体，让他们公布出去！"

律师辩护团队中的年轻人提议道。

"不用公布，媒体早就知道了。这几天李昌钰博士来泰国是媒体关注的焦点。他的一举一动都备受瞩目，更不用说这么重大的事情了。"立刻有人回应道。

"是啊，这个案件我们憋了这么久，就是因为政治干预。但现在李博士来了，他们还继续这样，实在不像话。"

"他不把警察总署和内政部放在眼里，总不至于也不把泰皇放在眼里吧？我听说泰皇这几天一直关心这个案件，每天都要看报纸和电视报道呢。"

在讨论中，大家都避免提及泰国总理"他信"的名字。但每个人心里都清楚，总理是选民们选出来的，而他上面还有泰皇。

"那我就管不着了。"我心里想。而且我知道，除我以外，这里所有的人都与媒体有联系，即使自己不愿意，也被媒体盯着了，其中也包括凯迪·赛德齐克。我现在特别能理解凯迪·赛德齐克当初通知媒体的良苦用心。他比我更了解泰国的情形，更清楚他的好朋友诺普多·图姆瓦塔纳所处的危险境地。

泰国警方的卷宗

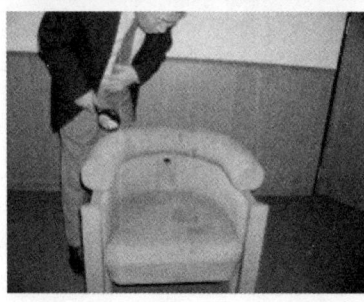

汉通死时所坐的沙发

李昌钰博士在模拟现场

　　世界上所有发生的事情都不是偶然的。我不由得深深地看了凯迪·赛德齐克一眼，我相信他是懂得我眼神中所包含的意义的。这一眼包含着理解，更有赞许。

　　于是，我们一行人便前往警察总署，对案件中保存的物证和资料进行了检验。

在警察总署，我们用了大半天的时间，认真仔细地检查了汉通·图姆瓦塔纳死亡时穿的衣服、桌上的食物、枪支、座椅以及所有的原始照片，还有警方对家中女佣的询问笔录等物证和资料。

我对初次研究凯迪·赛德齐克提供的照片所得到的结论，心中越发笃定。

到了晚上，有消息传来，泰皇已下令准许进行验尸。

听到这一消息，整个辩护团队出奇地沉默。然而，从他们彼此交换的默契眼神中，我能够看出他们每个人都曾为"泰皇下令准许验尸"这一"消息"的出现付出了巨大努力。这一次，所有人都没有像第一次那样表现得兴奋不已，这恰恰证明了团队的成熟。是的，任何一项工作都不可能仅凭一己之力完成。尤其是在汉通·图姆瓦塔纳的死亡案件已处于极其复杂的情况下，团队中每个人的作用，都将对案件朝着正确方向发展产生不可估量的影响。

2004 年 12 月 26 日

今天是我到达泰国曼谷的第三天。

经过难以想象的曲折，我们团队终于获得了前往法医中心对汉通·图姆瓦塔纳进行尸检的许可。我们已做好充分准备，在警察总署的车辆护送下抵达了法医中心。我们即将对这一政府、帮派、家族以及鉴定机构等多方介入的案件展开检验。

从 1999 年 9 月 6 日至 2004 年 12 月 26 日，汉通·图姆瓦塔纳的尸体一直被存放在停尸房，整整冰冻了 5 年多。此次鉴定之后，希望这位巨富后代，同时也是千万富翁的政客，能如家人所愿安然入葬。这也是我们整个工作所期望的最完美结果。

然而，意外还是发生了。法医中心的接待官员告知我们，尸体房的管理员目前不在，且无法取得联系，因此找不到钥匙。简言之，尸体无法进行检验。尽管我们已经获得了警察总署、内政部长、总理甚至泰皇的支持，看似已经打开了一扇扇门，但在这些门后，却横亘着一道无法逾越的墙——那是一道看不见、摸不着，但每个人都知道的，由人为因素构成的墙。

这道墙阻挡的不仅仅是一桩案件的验尸程序，它阻挡的更是一个国家从人治走向法治、从邪恶野蛮迈向善良文明的道路。

这种无形的博弈让我再次意识到，我的工作有多么重要。都说我是让罪犯睡不着觉的人，但面对这道墙，睡不着觉的却是我自己。

　　当天下午，辩护团队召开了最后一次会议，会议气氛凝重，每个人都如负重担，尤其是凯迪·赛德齐克，他看起来几乎喘不过气来。然而，他依然专注地整理着刚刚收集到的资料。"李博士，大家都说你通过'碎木机'案件改变了美国的司法制度，这次难道真的无计可施了吗？"会议中有人这样问我。

　　"美国的司法制度本身已经相当完善，'碎木机'案件并没有改变制度本身，而是改变了人们对证据要求的认知。在美国，制度规定要证明一个人被谋杀，必须要有尸体。而那个案件的意义在于，我们通过大量翔实的证据，证明了我们的推理。这些证据包括人体骨骼的比对结果、碎木机的购买记录，以及目击者看到碎木机在路上行驶的证词。正是这一系列科学鉴定结果，使得陪审团在嫌犯'零口供'的情况下，依然能够定罪，从而改变了原有的规定。"我简要解释了那个案件，凯迪·赛德齐克的脸色有所缓和，他似乎明白了我的意思，会议的气氛也随之活跃起来。我接着鼓励大家："我相信你们还会继续努力。今天我仔细查看了死者的衣物、女佣们的笔录，以及椅子上的血迹形状。回去后，我会进一步分析研究已经收集到的证据。"

2004 年 12 月 27 日

今天是我到达泰国曼谷的第四天。

他们送我到了机场。

在机场,依然是数不清的人群,不知什么时候走漏了风声,来了很多外国记者。所有人都要求发表结论,我说虽然我对物证进行了检验和对比,也检查了原始的尸体照片和原始记录,但是结论要经过一段时间的整理才能发表。

我上了飞机,结束了我在泰国的工作。

回到美国,李昌钰博士将结论报告赶出来,送交辩护团队,转交给法官。

本人咨询了一支由知名法医专家组成的团队,这些法医专家如下:西里尔·韦希特(Cyril Wecht)博士,美国宾夕法尼亚州阿勒格尼县首席验尸官;迈克尔·巴登(Michael Baden)博士,美国纽约州警察法医,病理学联合主任;蒂莫西·帕尔姆巴赫(Timothy M. Palmbach)少校,美国康涅狄格州警察局科学服务部指挥官兼主任；弗雷德里克·福赫特曼（Fredrick Fochtman）博士，美国阿勒格尼县法医实验室首席毒理学家。这些专家在调查枪击、相关死亡事件方面拥有丰富的经验。我们拥有美国和国际层面涉及死亡调查领域的专家资格。简历副本附在本报告中。

——李昌钰博士的报告

最终鉴定结果：汉通·图姆瓦塔纳生于1949年11月20日，死于1999年9月6日，于泰国曼谷 Bang Khen 区死于自杀。

五、

后

记

　　两年后，李昌钰博士接到了泰国最高法院为汉通·图姆瓦塔纳出庭作证的通知，他于 2007 年 8 月 3 日再次飞往曼谷。

　　李昌钰博士在两天时间内，通过幻灯片向法官合议庭展示了根据资料重建的汉通·图姆瓦塔纳自杀现场，从而清晰解释了检测报告的结果。

　　8 月 31 日，泰国最高法院宣布：根据本院收集的大量证据显示，汉通·图姆瓦塔纳的死因确认为自杀，对诺普多·图姆瓦塔纳所控的谋杀罪名不成立。本院裁定诺普多·图姆瓦塔纳无罪。

　　自从事刑事鉴定工作以来，李昌钰博士曾在多个国家的法庭出庭作证。尽管各国的法律制度不同，案件性质各异，但当法庭最终采纳他的鉴定结果，为无辜者洗清冤屈、挽救生命时，他内心涌动的喜悦是相同的；那份因他的努力而伸张正义的自豪感油然而生。

他没有被卷入案件家族的恩怨纷争，也没有被案件中某些不公甚至黑暗的司法、警政、政治环境所吓倒。他始终坚守着一个鉴定人员、一个科学家的立场与清白。

从2004年1月到2007年8月，诺普多·图姆瓦塔纳经历了因谋杀罪被起诉到最终被无罪释放的艰难三年。

女法医庞庭对判决表示不服，并在判决生效后不久，由检察官代其提起上诉。然而，最终法院因证据不足驳回了她的上诉。2010年，最高法院维持了诺普多·图姆瓦塔纳无罪的裁决。在此期间，诺普多·图姆瓦塔纳通过律师向泰国医学委员会提出了对女法医庞庭不当行为的投诉。经过一系列事件，图姆瓦塔纳家族的其余成员终于认识到了家族团结的重要性。通过内部协商，他们解决了相互提起的48起诉讼。尤其令人欣慰的是，在汉通·图姆瓦塔纳的死因纷争中，汉通·图姆瓦塔纳的儿子始终站在叔叔诺普多·图姆瓦塔纳一边。

他坚信他的叔叔是清白的。

这个家庭终于恢复了平静。

在家族之间撤销相互诉讼的那一天，记者拨通了美国李昌钰博士的电话。"李博士，您挽救了这个家族。您的证词堪称泰国司法史上最文明的一页。司法公正，是我们泰国人民几代人的追求。"记者说道。

"这是我的职责所在，也是我们鉴识人员引以为傲的职业操守。不过，我认为诺普多·图姆瓦塔纳的律师辩护团队，以及我的前同事凯迪·赛德齐克更值得称赞。他们承受的压力更大，因为他们身处那个法律制度下，面临着巨大的环境压力。"李昌钰博士回答道。

"李博士，您说得太好了。"这一次，记者由衷地赞叹，"我还有一个问题想请教您，是关于女法医庞庭的。您肯定知道，她对最高法院的判决不服，并提出了上诉，但最终她的诉求被法院驳回了。您认为这是因为她的专业知识不足吗？她曾在美国学习，并且她的一名工作人员也是'美国纽海文大学'的学生，主修指纹鉴定。我还听说，您在泰国期间，这位学生曾找过您。您当时不感到有压力吗？您害怕吗？因为我们都知道，女法医的背后是总理，毕竟在苏格兰法医参与案件时，也提到泰国有一句话：'真理不会消失，但如果你把它说出来，你就会消失。'"记者担心时间不够，一口气提出了几个问题。

"哈哈……您的消息很灵通啊！您提了这么多问题，我该先回答哪一个好呢？幸亏您当时没报道，否则我那个学生可能要失业了。"电话里传来李昌钰博士爽朗的笑声。

记者的问题，让李昌钰博士仿佛又回到了在泰国处理案件的那段时光；电话听筒里交流电的声音，仿佛又将他带回到 2004 年 12 月 22 日，他启程飞往泰国的时候。思索良久，他对记者说："您提出了一个既简单又尖锐的问题。我们从事刑侦科学鉴识工作的人，也是普通人，是凡夫俗子，有血有肉。我们是有情感的人，拥有所有人共有的情感。心中有担忧，也有不担忧。担忧，是因为担心辜负正义的期待；不担忧，是因为我认为人生在世，有得必有舍，只是看你为了什么而舍弃。你一定听说过这样的话：有人敬畏天理，有人崇拜权威，有人站在良知一边，有人站在赢者一边。真理是不会消失的。如果你把它说出来，能够挽救一个人的生命，那是多么有意义的事情！"

"这是世界观和价值观的不同啊！"记者抢答道。

"关于你刚才提出的问题：为何有人会做出错误的鉴定，

是否因为专业知识不足？我将话筒交给另一位有资格回答的人。你也认识他。"李昌钰博士说道。

"我认识的人？他是谁？李博士，您身边还有其他人在吗？"李博士的幽默让记者感到惊喜。

"你不用猜了，听他说话你就知道了。"

"你好，记者先生，我是凯迪·赛德齐克，现在正在李博士的办公室里品尝他的台湾高山乌龙茶。"

凯迪·赛德齐克表示，根据李博士的理论，掌握一门专业知识和学会一门技术并不难，因为那不过是一门技术而已。然而，作为一名鉴识人员，如何不受干扰地让证据说话，这并非每个人都能做到的。尤其是在人性的贪婪和欲望占据上风时，当说出真相可能面临生命危险时，更是如此。

采访结束后，两人放下电话，依然意犹未尽。

凯迪·赛德齐克感慨道："那时候我们真不容易啊，我担心您不会去，担心您会被吓到。我们团队所有人都对您充满敬意。记者说得对，您挽救了一个家族。您的鉴定在泰国的司法史上堪称划时代的杰作。"

凯迪·赛德齐克坦言，他一直希望发财，哪怕能拥有图姆瓦塔纳家族1%的财富也好。他甚至想过自己开一家小杂货店。李昌钰博士闻言转过头来："凯迪·赛德齐克，你是不是也想让我有一天再去泰国为你出庭作证？"

"我知道，您不用说了。"看到前同事焦急的样子，李昌钰博士笑了："您努力是为了追求理想的生活，而有的人努力是为了做人上人。"

"谢谢您，李博士，您永远都是我的上司。我代表我们团队所有的人，代表图姆瓦塔纳家族，特别是诺普多·图姆瓦塔纳，向您表示感谢。他们家族希望您有时间再去泰国曼谷做客。"

从 2003 年 11 月 24 日傍晚凯迪·赛德齐克走进李昌钰博士的办公室至今，已经过去了整整 7 年。

2025 年 1 月 12 日完成初稿

2025 年 1 月 14 日第一次修改

2025 年 2 月 28 日定稿于美国夏威夷